ପଞ୍ଚଭୂତ

ପଞ୍ଚଭୂତ

ଅମ୍ରିତ୍ ରତୁରାଜ

ବ୍ଲାକ୍ ଇଗଲ୍ ବୁକ୍
ଭୁବନେଶ୍ୱର, ଓଡ଼ିଶା

BLACK EAGLE BOOKS
Dublin, USA

ପଞ୍ଚଭୂତ / ଅମ୍ରିତ୍ ଋତୁରାଜ

ବ୍ଲାକ୍ ଈଗଲ୍ ବୁକ୍ସ : ଭୁବନେଶ୍ୱର, ଓଡ଼ିଶା • ଡବ୍‌ଲିନ୍, ଯୁକ୍ତରାଷ୍ଟ୍ର ଆମେରିକା

BLACK EAGLE BOOKS

USA address:
7464 Wisdom Lane
Dublin, OH 43016

India address:
E/312, Trident Galaxy, Kalinga Nagar,
Bhubaneswar-751003, Odisha, India

E-mail: info@blackeaglebooks.org
Website: www.blackeaglebooks.org

First International Edition Published by
BLACK EAGLE BOOKS, 2024

PANCHABHUTA
by **Amrit Ruturaj**

Copyright © **Amrit Ruturaj**

All rights reserved. No part of this publication may be reproduced, stored in a retrieval system, or transmitted, in any form or by any means, electronic, mechanical, photocopying, recording or otherwise without the prior permission of the publisher.

Cover Photography: **Author**
Interior Design: Ezy's Publication

ISBN- 978-1-64560-504-1 (Paperback)

Printed in the United States of America

ଉତ୍ସର୍ଗ

ମୋ ନିବୁଜ କୋଠରୀ ଚାରିପାଖେ ଥିବା ଧଳାକାନ୍ଥ ମାନଙ୍କୁ । ସେମାନଙ୍କୁ ଯେତେ ସମୟ ମାଗିଲେ ବି ସେମାନେ ବିନା ଦ୍ୱିଧା ଓ ପ୍ରତିବାଦରେ ତାଙ୍କ ନୀରବତା ମତେ ପ୍ରଦାନ କରିଛନ୍ତି । ମୋ କଳ୍ପନାର ଅନନ୍ୟ ସାଥି ସେହି ଧଳାକାନ୍ଥର ସମ୍ବେଦନଶୀଳତାକୁ ଏଇ ପୁସ୍ତକ ଉତ୍ସର୍ଗ କରୁଛି ।

ମୁଖବନ୍ଧ

ମୃତ୍ୟୁକୁ କ'ଣ ଖୋଲା ହୃଦୟରେ ଭଲ ପାଇ ହେବ? କିମ୍ବା ତା ଭୟର ନିରନ୍ତର ଅଇଂଠାକୁ କ'ଣ ମନରୁ ପୋଛି ହବ? ମୃତ୍ୟୁ କ'ଣ ଜୀବନ ପରେ ଆସେ ନା ଜୀବନର ଗସ୍ତ ବିବରଣୀର ଶେଷ ପୃଷ୍ଠାରେ ଥିବା ଶେଷ ଧାଡ଼ି ମୃତ୍ୟୁ ପାଇଁ ସବୁବେଳେ ସଂରକ୍ଷିତ। ଇଏ ସବୁ ପ୍ରଶ୍ନ ମୋତେ ବି ସେତିକି ଆନ୍ଦୋଳିତ, ବିସ୍ମିତ, ବିମୋହିତ କରୁଛି ଯେତେ ସମ୍ରାଟ ଗିଲଗାମେଶଙ୍କୁ କରୁଥିଲା ପାଖାପାଖି ସାଢ଼େ ଚାରି ହଜାର ବର୍ଷତଳେ। ଏତେ ସଭ୍ୟତାର ଉତ୍‌ଥାନ, ପତନ; ବିଜ୍ଞାନର ଅହେତୁକ ପ୍ରଗତି ଭିତରେ ମୃତ୍ୟୁର ସତ୍ତା ସେମିତି ଅଭେଦ୍ୟ, ଜୀବନ୍ତ। ମୃତ୍ୟୁ ବୟସ ବଢୁନଥିବା ଏକ ସତ୍ତ୍ୱ ଭଳି ସବୁ ଅସ୍ତିତ୍ୱ ସହ ବଞ୍ଚିକି ରହିଛି। ମୃତ୍ୟୁକୁ ଆମେ ନୀରବ ଅନୁପ୍ରବେଶକାରୀ ଭାବେ ଦେଖିଛେ, ବାରୁଦର ଚୁମ୍ବନରେ ଦେଖିଛେ, ଦୁର୍ଘଟଣା ପରବର୍ତ୍ତୀ ଅନ୍ଧାରରେ ଦେଖିଛେ ହେଲେ କେବେ ତା' ପକ୍ଷ ଶୁଣିବାକୁ ସୁଯୋଗ ପାଇନେ। ଆମକୁ ସୁଯୋଗ ମିଳିନି ମୃତ୍ୟୁର ସାକ୍ଷାତକାର ନେବାକୁ। ତେଣୁ ଯାହା ଯେମିତି ଦେଖିଲେ, ଭାବିଲେ ଓ ଯେଉଁ ବାଗରେ ଚେତନାର ଭିନ୍ନ ଭିନ୍ନ ସ୍ତର ରେଖାପାତ କଲା, ଆମେ ମୃତ୍ୟୁକୁ ସେଇ ଭଳି ପରିବେଷଣ କଲେ। ବାହାନଗା ରେଳ ଦୁର୍ଘଟଣାର ଛାତିଫଟା କ୍ରନ୍ଦନରୁ କବିତାର ପ୍ରଥମ ଭାଗ ଉନ୍ମେଷ କଲା। ତେବେ, ସଂପୂର୍ଣ୍ଣ ହେଲାବେଳେ ଏହା ମୃତ୍ୟୁର ଏକ ନିଜସ୍ୱ ସୂଚୀପତ୍ର ଭଳି ମୋତେ ପ୍ରତୀତ ହେଲା। ପ୍ରଥମେ ମୃତ୍ୟୁ ସଂକ୍ରାନ୍ତୀୟ ଯନ୍ତ୍ରଣାରେ ମନ ଓ କଲମ ଉଭୟ ବହୁତ କଷ୍ଟ ଭୋଗିଲେ। ଧିରେ ଧିରେ ତା'ର ବର୍ଣ୍ଣନା, ପର୍ଯ୍ୟାଲୋଚନା ଭିତରେ ସେ କାଳରାତ୍ରିର ସ୍ଥିରଚିତ୍ର ସହ ପ୍ରତ୍ୟେକ ବ୍ୟକ୍ତି, ପଶୁ, ଫୁଲ, ଏ ସମସ୍ତଙ୍କର ଚିତ୍ର ଖାଲିପୃଷ୍ଠାରେ ଗାରେଇ ହେଇଗଲା। ତାହା ସ୍ୱତଃପ୍ରବୃତ୍ତ ଭାବେ ପୃଷ୍ଠା ମଣ୍ଡନ କରିଚାଲିଲା। ନିରୀହ ଛେଳିର ମୃତ୍ୟୁ ଚେତନା ହେଉ ବା ଗେଣ୍ଡୁଫୁଲର ମୃତ୍ୟୁ ଆଶଙ୍କା ହେଉ, ଏସବୁ ସେହି ପର୍ଯ୍ୟାୟଭୁକ୍ତ। ଲେଖୁ ଲେଖୁ ଯନ୍ତ୍ରଣାରେ ବିଗଳିତ ମନ ଧିରେ ଧିରେ ସାମାନ୍ୟ ହେଲା। ତେବେ ଜୀବନ୍ତ ଅସ୍ତିତ୍ୱର

ଅବସ୍ୟମ୍ଭାବୀ ମୃତ୍ୟୁ କଥା କଳ୍ପନା କରି ଚେତନାରେ ରାଜୁତି କଲା ଭୟ, ସଂଶୟ, ଏକ ଅପ୍ରସ୍ତୁତ ଅସହାୟପଣ। ମୃତ୍ୟୁ କ'ଣ ସତରେ ଆକସ୍ମିକ, ନା ଆମେ ହିଁ ସର୍ବଦା ଅପ୍ରସ୍ତୁତ ଏକ ଚିରନ୍ତନ ସତ୍ୟକୁ ଆବୋରି ନେବାକୁ। ଏହି ଖଣ୍ଡିଆଭୂତ ଭିତରେ ବୁଲୁବୁଲୁ ଏହାର ଅନେକ ଆକାର, ପ୍ରକାର, ଚିତ୍ରକଳ୍ପ ତା' ଡେଣା ହଲାଇ ମୋ କଳ୍ପନାରେ ଉଡିଚାଲିଲେ। ମୁଁ ବି ସେ ସବୁକୁ ପୃଷ୍ଠାମଣ୍ଡନ କରିବାକୁ ଦେଲି। ତେଣୁ ବହିର ପ୍ରଥମ ଭାଗ ସରିଲାପରେ ପ୍ରତୀତ ହେଲା ଯେ ବାହାନଗାର କରାଳ ଯନ୍ତ୍ରଣାରୁ ଆତ୍ମପ୍ରକାଶ କରିଥିବା ବୀଜ ବାସ୍ତବରେ ମୃତ୍ୟୁର ଆତ୍ମଜୀବନୀ ବା ଆତ୍ମକଥା ଭଳି ଦ୍ରୁମରେ ପରିଣତ ହୋଇଛି ଏବଂ ତା'ର ପୁରା ଆତ୍ମକଥା ଓ ଭିନ୍ନ ଭିନ୍ନ ଦିଗ ଆଖି ସାମ୍ନାରେ ଉଭାସିତ ହେବା ସହ ମୃତ୍ୟୁ ପ୍ରତିଥିବା ଭୟ ଏବଂ ଅସୂୟା ଭାବ ଧିରେ ଧିରେ ଅପସାରିତ ହୋଇଯାଇଛି। ପଦ୍ମ ଫୁଟିବାର ସୁନ୍ଦର ଦୃଶ୍ୟ ପରି ଏହା କମନୀୟ ନ ଲାଗି ପାରେ କିନ୍ତୁ ଏକ ଆସନ୍ନ ବାସ୍ତବତା ହେତୁ ତା'କୁ ଗ୍ରହଣ କରିବାର ମାନସିକ ଶକ୍ତି ଦୃଢ଼ୀଭୁତ ହୋଇପାରିବ। ସମ୍ବେଦନାରେ ରତ ରତ ମଣିଷପଣିଆକୁ ଗରମ ତେଲରେ ଯେତେ ଛାଣିଲେ ବି ସେ ଜଳିକି ଯେମିତି ପୋଡା ଅଙ୍ଗାର ହୁଏନି, ମରଣ ବି ସେମିତି ଜୀବନର ସତ୍ତାକୁ ସମ୍ପୂର୍ଣ୍ଣ ନିର୍ବାପିତ କରିପାରେନି। ମୃତ୍ୟୁ ଗୋଟେ ସାମୟିକ ବିଶ୍ରାମସ୍ଥାନ ଭଳି ଅଟକେଇ ଦିଏ ଏକ ମହାର୍ଘ ପର୍ଯ୍ୟଟନକୁ। ତା' ପରେ ବି ଆତ୍ମା ବୁଲେ, ପ୍ରଦିକ୍ଷଣ କରେ। ମୃତ୍ୟୁର ଆତ୍ମଜୀବନୀ ଉତ୍ତରଣ ହେଇଛନ୍ତି କବିତାର ପ୍ରଥମ ଭାଗରେ।

ଦ୍ୱିତୀୟ ଭାଗ ଆରମ୍ଭ ହୋଇଛି ଆତ୍ମାର ଆତ୍ମକଥାରୁ। ମଲା ପରେ କ'ଣ ହୁଏ ? ଏ ପ୍ରଶ୍ନ ଅସମାହିତ ଥିଲା ଆଉ ରହିବ ମଧ୍ୟ। କିନ୍ତୁ କଳ୍ପନାର ପାଟ ଗହୀର ତା' ବୋଲି କ'ଣ ବୀଜବପନରୁ ବଂଚିତ ହୋଇ ପଡିଆ ପଡିବ ? ଶରୀର ପରିତ୍ୟାଗ ପରେ ଆତ୍ମାର ବି ତ ସ୍ୱାଧୀନତା ଅଛି ନା। ଇହ ଲୋକର ଜଞ୍ଜାଳ ଭିତରେ ବାନ୍ଧି ହୋଇ ସେ ଧଳା-କଳା, ଇହୁଦୀ-ମୁସଲମାନ, ବ୍ରାହ୍ମଣ-କ୍ଷତ୍ରୀୟ, ପୁରୁଷ-ନାରୀ, ତାମିଲ-ଫରାସୀ, ଭାରତୀୟ-ମାର୍କିନ୍ ଇତ୍ୟାଦି କେତେ କେତେ ପରିଚୟ ନେଇ ବଞ୍ଚୁଥିଲା। ପ୍ରତିଟି ପରିଚୟ ଗୋଟେ ଗୋଟେ ବିଭାଜନକାରୀ। ତେବେ, ମୃତ୍ୟୁ ପରେବି କ'ଣ ଆତ୍ମା ଇଏ ପରିଚୟର ସଂକୀର୍ଣ୍ଣତାକୁ ବୋଝ ପରି ବୋହୁଥିବ ? କଦାପି ନୁହେଁ। ମୃତ୍ୟୁ ପରେ ହିଁ ତ ଆତ୍ମା ସ୍ୱାଧୀନ ହୁଏ। ତା'କୁ ସ୍ୱ-ଇଛାରେ ପରିଭ୍ରମଣ କରିବାର ସଂପୂର୍ଣ୍ଣ ଅଧିକାର ଓ ସ୍ୱାତନ୍ତ୍ର୍ୟ ଅଛି। ଏଇଠି ଭିନ୍ନ ଭିନ୍ନ ସଭ୍ୟତା ଓ ଧର୍ମ ତା' ନିଜ ନିଜ ସ୍ୱର୍ଗ, ନର୍କ ବନେଇ ଦେଲା। ନିଜ ନିଜ ଈଶ୍ୱର ବନେଇଦେଲା। ମହାଜଗତରେ ସେ ସମସ୍ତେ ଥାଇପାରନ୍ତି ବା ନଥାଇପାରନ୍ତି। ତେଣୁ, ଜଣେ ମୃତ ହିନ୍ଦୁର ଆତ୍ମା ତା ଇଛାରେ ଯଦି ଅନ୍ୟ ସଭ୍ୟତାରେ ବର୍ଣ୍ଣିତ ସ୍ୱର୍ଗ କି ନର୍କ ଯିବାକୁ ଇଛା ପ୍ରକାଶ କରେ, ତେବେ

ସେଥିରେ ପ୍ରତିବନ୍ଧକ କେଉଁଠି ରହିଲା। ଜୀବନତ ହାତ-ଗୋଡ ବାନ୍ଧି ଲୁହାର ଶିକୁଳି ଭିଡିକି ରଖିଲା , ଆତ୍ମା ବି କ'ଣ ନିବଦ୍ଧ କାରାଗାରରେ ରହିବ? ତେଣୁ ତା'କୁ ଚଳପ୍ରଚଳ କରିବାକୁ ଦିଆଯାଉ ସ୍ୱ-ଇଚ୍ଛାରେ।

ଉଦାହରଣ ସ୍ୱରୂପ, ଆଜଟେକ୍ ସଭ୍ୟତାରେ ଥିବା ସ୍ୱର୍ଗଲୋକକୁ ଟ୍ଲାଲୋକାନ୍ କୁହାଯାଏ। ଆଜଟେକ୍ ସଭ୍ୟତା ମେକ୍ସିକୋର ମଧ୍ୟଯୁଗୀୟ ସଭ୍ୟତା ଭାବେ ପ୍ରତିଷ୍ଠିତ ଥିଲା। ଏଥିରେ ମାନ୍ୟତା ଅଛି ଯେ କୌଣସି ବିଭତ୍ସ ଦୁର୍ଘଟଣା ବା ଅକସ୍ମାତ ଜନିତ ମୃତ୍ୟୁ ଘଟିଲେ, ସେ ଅସ୍ତିତ୍ୱର ଆତ୍ମା ସିଧାସଳଖ ଟ୍ଲାଲୋକାନ୍ ଯାଏ। କାରଣ ମୃତ୍ୟୁର ଭୟାବହତା ଧୋଇଦିଏ ସମସ୍ତ ଅପକର୍ମ। ମୃତ୍ୟୁଜନିତ ଯନ୍ତ୍ରଣା ପୋଛିଦିଏ ପାପର ସବୁତକ ଛିଟା। ତେଣୁ ବାହାନଗା ରେଳ ଦୁର୍ଘଟଣାରେ ବିଭତ୍ସ ମୃତ୍ୟୁବରଣ କରିଥିବା ବ୍ୟକ୍ତି ହୁଏତ ଟ୍ଲାଲୋକାନ୍ ଯିବାକୁ ବେଶି ଶ୍ରେୟସ୍କର ମନେ କରିବ। କାରଣ ସ୍ୱର୍ଗ କି ପୁନର୍ଜନ୍ମର ସତ୍ୟତା ତା' କୃତକର୍ମଫଳ ଉପରେ ନିର୍ଧାରଣ ହେବ। ତେଣୁ ସେମାନେ ଟ୍ଲାଲୋକାନ୍ ଯିବେ ହୁଏତ।

ମିଶରୀୟ ସଭ୍ୟତାର ସ୍ୱର୍ଗ ଆାରୁକୁ କଣ୍ଟକିତ ପଥ ଦେଇ ଯିବାକୁ ହୁଏ। ଏବଂ ସେ ପଥର ଯାତ୍ରୀ କିଏ ହେବ ତା'ହା ନିର୍ଣ୍ଣୟ କରେ ନ୍ୟାୟର ପ୍ରତିମୂର୍ତ୍ତି ଓଟପକ୍ଷୀ। କିଛି ଆତ୍ମା ପାର୍ସୀ ମାନ୍ୟତାନୁଯାୟୀ ନୀରବତାର ମିନାର ପାଖେ ସମୟ ବିତେଇବାକୁ ଶ୍ରେୟସ୍କର ମନେକରନ୍ତି। ଆଛା ଚିନ୍ତା କରନ୍ତୁ ଏକ କାଳ୍ପନିକ ଦୃଶ୍ୟ। ନାଜି ଜର୍ମାନୀର ରାସାୟନିକ କୋଠରୀରେ ମୃତ୍ୟୁବରଣ କରିଥିବା ଗୋଟିଏ କୁନି ଝିଅର ଆତ୍ମା ଯେବେ ତା' ହତ୍ୟାକାରୀ ଆତ୍ମାକୁ ଭେଟିବ ସେହି ସ୍ଥାନରେ, ସେ ଭାବନା ଆପ୍ଲୁତ ସମ୍ବେଦନଶୀଳତା କିପରି ପ୍ରସ୍ଫୁଟିତ ହେବ? ଏବଂ ବିଭିନ୍ନ ପରିଭ୍ରମଣ ପରେ ଆତ୍ମାର ଅନ୍ତିମ ସ୍ଥାନ କ'ଣ ହେଇପାରେ? ନିଜର ସମସ୍ତ ସ୍ୱାଧୀନତା ଉପଯୋଗ କଲାପରେ ତା'ର ବି ତ କିଛି ଅନ୍ତିମ ଗନ୍ତବ୍ୟ ସ୍ଥାନ ଥିବ। ସେ ସ୍ଥାନକୁ ସେ କେମିତି ଯିବ? ସେ ସ୍ଥାନର ଭୂଗୋଳ, ଇତିହାସ କେମିତି ସେ ଜାଣିବ ? ନିର୍ବାଣର ସିନ୍ଧୁକ କେଉଁ ଚାବିରେ ଖୋଲିବ? ଇଏ ସବୁ ଅତିଭୌତିକ ପ୍ରଶ୍ନ ହେଲେବି ଆମ ମାନସପଟ୍ଟକୁ ସଦାସର୍ବଦା ରେଖାପାତ କରିଛି, ଆନ୍ଦୋଳିତ ବି କରିଛି।

କବିତାର ଦ୍ୱିତୀୟ ଭାଗ ଉପରୋକ୍ତ ପ୍ରଶ୍ନ ସବୁର ଉତ୍ତର ଖୋଜିବାକୁ ଉପତ୍ୟକାରୁ ଉପତ୍ୟକା ବିଚରଣ କରିଛି। ନାନା ସଭ୍ୟତାକୁ ଭେଟିଛି। ନାନା ଜୀବନ୍ତ, ଜଡ ଉପାଦାନଙ୍କୁ ଭେଟିଛି। ହୁଏତ ବାସ୍ତବ ଉତ୍ତରରେ ପହଞ୍ଚିଛି କି ପହଞ୍ଚିନି ସେକଥା ପାଠକଙ୍କ ବ୍ୟକ୍ତିଗତ ଅନୁଶୀଳନ ଉପରେ ନିର୍ଭରଶୀଳ, କିନ୍ତୁ ଏତିକି ଥୟ ଯେ ଆତ୍ମା ସହ ପାଠକ ମାନେ ମଧ ଏକ ଅତି ଭୌତିକ ପର୍ଯ୍ୟଟନରେ ସାମିଲ ହେବେ। ଏବଂ

ଆଶା ଯେ ଆତ୍ମା ସହ ଏଇ ପରିଭ୍ରମଣ ସାଂପ୍ରତିକ ଜୀବନର ଅବଶୋଷ, ଜଞ୍ଜାଳ, ଯନ୍ତ୍ରଣା ମାନଙ୍କୁ ମଧ୍ୟ ଅନେକ ପରିମାଣରେ ଆପଣଙ୍କ ମାନସିକ ବୋଝରୁ ଓଲହାଇ ଆପଣଙ୍କୁ ହାଲୁକା ଓ ସତେଜ ଅନୁଭବ କରିବାରେ ସହାୟକ ହେବ। ଆତ୍ମନ୍ ଓ ବ୍ରହ୍ମ ଏକ ହେଇପାରେ କିମ୍ବା ଅଲଗା ହେଇପାରେ, ମଣିଷ କିନ୍ତୁ ସ୍ୱଇଚ୍ଛାରେ ସ୍ୱାଧୀନତା ସହ ବଞ୍ଚୁ ଓ ସମ୍ବେଦନଶୀଳତାର ପୁଷ୍କରଣୀରେ ସବୁବେଳେ ଶରୀର ପ୍ରକ୍ଷାଳନ କରୁ , ମୃତ୍ୟୁ ଓ ଆତ୍ମା; ଉଭୟଙ୍କର ଏତିକି କାମ୍ୟ।

ଅମ୍ରିତ୍

ସୂଚିପତ୍ର

ମୃତ୍ୟୁର ପରିଚୟ **୧୩-୬୯**

ରାତିର ଲୁହ ୧୫
ଉଦ୍ଧାରକାରୀ ଈଶ୍ୱର ୨୮
ପୁଷ୍କର ୩୦
ଶବର ପାଉଣା ୩୫
ମୃତ୍ୟୁର କିସ୍ତି ୩୭
ଖାଲି ଚୌକି ୪୩
ମରଣର ଆତ୍ମବିସ୍ମୃତି ୪୬
ମୃତ୍ୟୁ ଗୋଟେ କବିତା ନା ରାତି ନା ଭୂଗୋଳ ନା ମୁକ୍ତି ? ୪୮
ଗେଣ୍ଡୁ ଫୁଲର ଶବ ୫୯
ଶୃଙ୍ଖଳା କାଠବିଡାର ମରଣ ୬୩
ଛେଳିର ନିହତ ଅଭିଳାଷ ୬୬

ଆତ୍ମାର ପରିଭ୍ରମଣ **୭୧-୧୧୧**

ନା ସ୍ୱର୍ଗ ନା ଆରୁ ୭୩
ନୀରବତାର ମିନାର ୭୯
ଏଡେମୁର ଯାତ୍ରା ୮୩
ଅସ୍ତିତ୍ୱର ଅମୀମାଂସିତ ଆତ୍ମା ୮୫
ମୃତ୍ୟୁ ପରର ଉପତ୍ୟକା ୯୮
କାମନା ମାନଙ୍କର ଆପ୍ରାଣ ଆତୁରତା ୧୦୧
ନିର୍ବାଣ ୧୦୪
ତତ୍ ତ୍ୱମ ଅସି ୧୦୭

ମୃତ୍ୟୁର ପରିଚୟ

ରାତିର ଲୁହ

ଆତ୍ମା ଯିବା ପାଇଁ ତରତର
ହେଲାବେଳେ ତା'କୁ ଆବୋରି
କିଛି ସମୟ ଗେଲ କରିଥିବା ଧଳା ଚଦର
ଛାଡ଼ିଯାଇଛି ତା
ଭୟଙ୍କର ମୁହୂର୍ତ୍ତମାନଙ୍କର
ଛିଟାସବୁ ପ୍ରଥମ ପୃଷ୍ଠାରେ
ସେଥିପାଇଁ ସେ ମୌନ, ହତବାକ୍
ସେଇଠି କୌଣସି ଅକ୍ଷର ବି ଲେଖି ହେଲାନି
ତା'କୁ ନୀରବ ଶବର ଚିତ୍କାର ସହ
ଆଜୀବନ ବିଶ୍ରାମ କରିବାକୁ ଦିଅ
ପ୍ରଥମ ପୃଷ୍ଠାକୁ କାଳିରେ ଭାରାକ୍ରାନ୍ତ କରିବାନି।

ରକ୍ତ ଧିରେ ଧିରେ
ହାଲିଆ ହେଇ ଗତି ଧିମେଇ
ସ୍ଥିର ହେବାକୁ ବସିଲା ବେଳେ
ଭଙ୍ଗୁର ଶରୀର ହାହାକାର ଡାକେ
କିଛି ନୂଆ ରକ୍ତ ପାଇଁ।

ସେଇ ନୂଆ ବୋତଲର ରକ୍ତ
ବାସି ତୋରାଣି, ଅଙ୍ଗାର ଦିଶୁଥିବା
ବୁଢା ଆଙ୍ଗୁଳିର ନଖ ଚାରିକଡ ସହ

ଦରିଦ୍ର ଲୋହିତ ରକ୍ତ କଣିକା ବାଲା
ରେଲି ସାହିର କେନାଲ କୂଳ
ଘରୁ ମିଳିଯିବ କି
ଟ୍ରଲି ଟାଣୁଥିବା କଷରା ବାଳ ବାଲା
ସହରର ପରିତ୍ୟକ୍ତ ଅସ୍ତିତ୍ୱରୁ
ମିଳିବ
ସେ କଥା ସ୍ପଷ୍ଟ କରିବ
ମିନିଟ୍ କଣ୍ଟାର ଆଗାମୀ
ତିରିଶି ଚାଳିଶି ଘୂର୍ଣ୍ଣନ।

ରକ୍ତ ସଂପର୍କ ବାହାରର ରକ୍ତ ବି
ଏତେ ଅମୂଲ୍ୟ ହେଇପାରେ
ତାହା ମୁଣ୍ଡ ରକ୍ତରେ ବତୁରିଥିବା
ଧଳା ଗଜ୍ କନାର ପଟିଠୁ
କିଏ ବା ଅଧିକ ଜାଣିଛି।

ମୋ ପୁଅ କାଇଁ ?
ମାନେ ପୁଅର ନିସ୍ତେଜ ଶବ
ତା'କୁ ଆୟୁଷ୍ମାନ୍ କରେଇବାର ଇଚ୍ଛା
ଜୀର୍ଣ୍ଣ ହେଇ ମିଳେଇଗଲାଣି
ପୁରୁଣା ତାରିଖ ଭଳି।

ଏବେ ତା' ମୁହଁ କୋଉ
ଧଳା ଚଦରର ଘୋଡଣିରେ
ବିଶ୍ରାମ ନଉଛି ତ ଠିକ୍ ଅଛି
ଲୁହା କବ୍‌ଜା ଭିତରେ ଚାପି ହେଇ
ମଲା ପରେ କଷ୍ଟ ନ ପାଉ
ମୁଖାଗ୍ନି ଦେଲାବେଳେ
ଘିଅରେ ହୁତୁ ହୁତୁ ଜଳୁଥିବା ଅଗ୍ନି

କାନ୍ଦି ପକେଇବନି,
ଲୁହରେ ଚିରା ଚିରି ହେଇଥିବା
ସେ ମୁହଁ ଦେଖି
ଯାହାକୁ ପରିଣୟର ହୋମାଗ୍ନି ବେଳେ
ନିଆଁ ଦେଖିଥିଲା ଚନ୍ଦନ ଚର୍ଚ୍ଚିତ ରୂପରେ।

ଭଲ ଥିଲା ଅନ୍ଧାର
ଲାଗୁଥିଲା ଡର
ଦେଉଥିଲା ସଂଶୟ
ଛାତି ଫାଟି ପଡୁଥିଲା ଚିତ୍କାରରେ
କିନ୍ତୁ ସକାଳେ ଦିଶିଲା ଅସଜଡା
ପଡିଥିବା ଶବ ସବୁ
ବିକ୍ଷିପ୍ତ ନକ୍ଷତ୍ର ଭଳି ତାରାମଣ୍ଡଳରେ।

ଇଏ ସକାଳଠୁଁ ସହସ୍ର ବର୍ଷ ଧରି ରାତି ଭଲ
ଏଇ ଆଲୁଅରେ ସୂର୍ଯ୍ୟଙ୍କ ଚମକ ନାଇଁ
ଶହ ଶହ ମୃତ ଆଖିର ଆଲୁଅ
ଜବରଦସ୍ତି ଛଡ଼େଇ ନେଇ
ଏହି ସକାଳ ହେଇଛି ଉଦ୍ଭାସିତ
ଅଜଣା ଆତତାୟୀ ଭଳି।

ଗରିବ ବଗୀର
ତାଲିକାଭୁକ୍ତ ନଥିବା ଅସ୍ତିତ୍ୱ
ଈଶ୍ୱରଙ୍କ ଟିକେଟ୍ ନେଇ
ପୃଥିବୀକୁ ଆସିଥିଲେ ସତ
କିନ୍ତୁ ମଲାବେଳେ
ତାଙ୍କ ହାତରେ ଟିକେଟ୍ ନଥିଲା
ନଥିପତ୍ରରେ ଠିକଣା ନଥିଲା
ପିଡିଏଫ୍‌ରେ ନଥିଲା ନାଆଁ

ସେମାନେ ତାଲିକାଭୁକ୍ତ ହେଲେ
ଡାକ୍ତରଖାନାର ଶବାଗାରରେ
ତା ରକ୍ତ ବି ଲେସି ହେଲା
ଟ୍ରେନର ଲୁହା ରଡରେ
କିନ୍ତୁ ରେଳବାଇର ଆଇନରେ
ସେ ଯାତ୍ରୀଟି ବେନିୟମ୍ ହିଁ ଥିଲା।

ଗତ ମାସର ଅସ୍ତ୍ରୋପଚାର ପରେ
ସୁସ୍ଥ ହେଇଥିବା ହୃଦରୋଗୀ
ବି ଥିଲା ଚାଳିଶି ନମ୍ବର ମୃତକ ତାଲିକାରେ
ଅସ୍ତ୍ରୋପ୍ରଚାର ବିଫଳ ହେଇଥିଲେ
ପ୍ରାଣ ତା' ନିଜ ଇଚ୍ଛାରେ ଲୁଚି ଲୁଚି
ଚୁପଚାପ୍ ଉଭାନ୍ ହେଇଯାଇଥା'ନ୍ତା
ସକାଳେ ଖାଲି ତା' ଆତ୍ମା
ଉଠିଥାନ୍ତା ଆଉ କୁଆଡେ ଯିବାକୁ,
ରକ୍ତ-ମାଂସ ଆପେ ଆପେ
ମିଳେଇ ଯାଇଥା'ନ୍ତା
ଜୀର୍ଣ୍ଣତା, ଭଙ୍ଗୁରତା ଭିତରେ।

ଏମିତି ଲେସି ହେଇନଥାନ୍ତା
ଆଜି ଭଳି ଏଣେତେଣେ
ମୁହଁର ନରମ ମାଂସ ବି
ଚିରା-ଫଟା ପୋଷାକ ଭଳି
ଛିଞ୍ଚାଡି ପଡ଼ିନଥାନ୍ତା
ରେଳ ଧାରଣାର ଅନତି ଦୂରରେ।
ଏମିତି ମୃତ୍ୟୁରେ ତ
ପ୍ରାଣ ବି ଅଣନିଶ୍ୱାସୀ
ହେଇ କଇଁ କଇଁ କାନ୍ଦିବାକୁ ଲାଗେ

ଲୁହା ଓ ଷ୍ଟିଲ୍‌ରେ ଧସିଥିବା ବେକ
ଚାପି ହୋଇ ଚିତ୍କାର ବି କରିନପାରେ।

ତାଲିକା ବି ବଡ଼ କଷ୍ଟଦାୟକ
ଧଳା ଚାଦରର ତାଲିକା
ଆହତର ତାଲିକା ତ ଭିନ୍ନ ଭିନ୍ନ
ପ୍ରଥମେ କେଉଁ ତାଲିକାରେ ଦେଖିବା
ନା ଆଗ ଶବାଗାରକୁ ଯିବା
ନା ଡାକ୍ତରଖାନାର ଗହଳ ଚହଳ
ୱାର୍ଡମାନଙ୍କୁ ଯାଇ ଖୋଜିବା
ତମେ ତାଙ୍କୁ କୋଉଠି ଦେଖିବାକୁ ଚାହୁଁଛ
ବରଫ ପରି ଟାଣ ହୃଦୟ
ତା' ଭିତରେ ଛୁରୀଟିର ରୂପ ଧାରଣ କରି
ବିନ୍ଧି ଦଉଛି ମନର ସବୁ ସ୍ନାୟୁ –ଶିରା
ଧଳା ଚାଦର ଅନାବରଣ କରିବାକୁ
ବାଜି ରାଉତର ସାହସ ବି
କ୍ଷୀଣ ଲାଗିପାରେ ପ୍ରକାରାନ୍ତରେ।

ଆଖିର ବିଭତ୍ସତା ଭିତରେ
ଯାବଜ୍ଜୀବନ ନାଲି ରଙ୍ଗ ପାଇଁ ଭୟ ଆସିଯିବ
ଘରେ ସବୁ ନାଲି କପଡ଼ା, ନାଲି ଗୋଲାପ
ଜଳେଇକି ଫିଙ୍ଗିଦବା
ସାତଜନ୍ମର ରକ୍ତ ଏକସାଙ୍ଗେ ଦେଖିଲା ପରେ
ଆମ ଭାଗର ରକ୍ତ ବା ତା ଭଳି ଦିଶୁଥିବା
ଯେତେ ସବୁ ପଦାର୍ଥ ଅଛନ୍ତି
ସେ ସମସ୍ତେ ତ୍ୟଜ୍ୟ, ତିରସ୍କୃତ।

ଅଣସଂରକ୍ଷିତ ଅସ୍ତିତ୍ୱର
ଅନୁକମ୍ପା ରାଶି ବି ଅଣସଂରକ୍ଷିତ

ତାଙ୍କ ମୃତ୍ୟୁ ଗୋଟେ ସଂଖ୍ୟାର
ଗୌରବ ବିଭୂତି ପିନ୍ଧି ପାରିବନି
ତା'ର ଦହନ ବି ଅଣସଂରକ୍ଷିତ ଶ୍ମଶାନରେ
ତା' ଜୀବନ ବି ଆପାତତଃ
ଭାଗ୍ୟର ପୁଲକଠୁ ଥିଲା ଅଣସଂରକ୍ଷିତ ।

ତା'ର ଠିକଣା ତାଲିକାଭୁକ୍ତ ନାହିଁ
କେବଳ ମୋବାଇଲର ଟ୍ରିଙ୍ଗ୍ ଟ୍ରିଙ୍ଗ୍
କାନ୍ଦ-ବୋବାଳିର ଅନୁକମ୍ପା ନଥିବା
ନଥିପତ୍ରରେ କିଛି ଠିକଣା ମିଳିପାରେ
ହେଲେ ଏ ରକ୍ତଭୋଜିରେ
ଶୟନ, ସଂରକ୍ଷିତ, ଶୀତତାପ ନିୟନ୍ତ୍ରିତ, ଅଣସଂରକ୍ଷିତ
ସବୁ ଶ୍ରେଣୀର ଲୋକଙ୍କୁ
କରିଦେଲା ସମାନ, ଏକାଠି
ମୃତ୍ୟୁ ନା ସଂରକ୍ଷିତ ଟିକେଟ୍
ନା ଅଣସଂରକ୍ଷିତ ଯାତ୍ରୀ
ନା ତତ୍କାଳ ଯାତ୍ରା କରୁଥିବା ବ୍ୟକ୍ତି
ମୃତ୍ୟୁ ଏକା ଢଙ୍ଗରେ
ଆଲିଙ୍ଗନ କରିପକାଇଲା ସମସ୍ତଙ୍କୁ ।

ଆଜିର ଭୋଜି ବଡାଖାନା ପରି
ଆବାଳ ବୃଦ୍ଧବନିତା
ଧନୀ ଗରିବ ସମସ୍ତେ ଏଥିରେ ଅତିଥି
ସମସ୍ତେ ଦେଲେ ଲୌହ ଦାନବକୁ
ହାଡ, ମାଂସ, ରକ୍ତର ଉପହାର
ସେ ବି ତାଙ୍କୁ ଆପ୍ୟାୟିତ କଲା
ଏକମାତ୍ର ସତ ସହ ଜୀବନର ।
ଏଭଳି ମହାଭୋଜିର ଆକାର-ପ୍ରକାର

ଏଭଳି ସ୍ୱତନ୍ତ୍ର ଆତିଥ୍ୟ
କ୍ୱଚିତ ହିଁ ଜୁଟେ ଭାଗ୍ୟରେ କାହାର।

ଯନ୍ତ୍ରଣା ଗୋଟେ ସଂଖ୍ୟା ନୁହେଁ
ତା'କୁ ମାପି ହୁଏନି
ତା'କୁ ଛୋଟ ଛୋଟ ଭଗ୍ନାଂଶରେ
କରିହୁଏନି ପରିପ୍ରକାଶ
ତା'କୁ ଫେଡିକି ତା ଉପଦ୍ରବ
କମେଇ ବି ହୁଏନି
କିନ୍ତୁ କରମଣ୍ଡଳର ଗୋଟେ ଗୋଟେ
କୋଚ୍ ଭିତରେ
ପୀଡ଼ାର ଯେତେ ବେଶୀ ଘନତ୍ୱ
ସେହି ଅନ୍ଧାର ରାତି ଦେଖିଦେଲା
ପାରଦର ଘନତ୍ୱ ବି ନିଷ୍ପ୍ରଭ
ସେ ପୁଞ୍ଜିଭୂତ ପୀଡ଼ା ପାଖରେ।

ଗୋଟେ ଗୋଟେ ସିଟ୍ ଲଢୁଥିଲେ
ଅସ୍ତିତ୍ୱର ବିଶ୍ୱଯୁଦ୍ଧ
ପୀଡ଼ା ସବୁ ଲୌହଧାରଣାରେ
ବାଡ଼େଇ ହେଇ ହେଇ ନୀରବି ଗଲା
ଚିତ୍କାର ଗୁଡା ଟାଣୁଆ ଲୁହା-ଷ୍ଟିଲ୍ ରେ
ପ୍ରତିଧ୍ୱନିତ ହୋଇ
ଶେଷରେ ହତୋତ୍ସାହ ପଣରେ
ନିଜ ଜିଭ କାଟିନେଇ
ବିଶ୍ରାମ ନେଇଗଲେ ଚିରକାଳ ପାଇଁ।

ଏଇ ରାତିରେ ମୋବାଇଲ୍ ଧରିବା
ବିଯୁକ୍ତ ପାଞ୍ଚ ଡିଗ୍ରୀରେ

ଅଣ୍ଡାପାଣିକୁ ଖାଲି ହାତରେ
ଧରିବାର ହେମାଳଠୁ ବି
ଆହୁରି କେତେ ଗୁଣ ଥିଲା
କଷ୍ଟକର।

ପ୍ରତ୍ୟୁତ୍ତର ଦେବା ପାଇଁ
ରକ୍ତ-ରଂଜିତ କାମିଜ ଭିତରୁ
ମୋବାଇଲ୍ ଆଣିଲା ପରେ
କେବଳ ଗୋଟିଏ
ବାକ୍ୟର ଉଚ୍ଚାରଣ
"ସେ ଆଉ ନାହାଁନ୍ତି"।
ତା ପରେ ସେପଟୁ କାନ୍ଦ
ତିଆରି ହବା ପୂର୍ବରେ,
ଯୋଉ ଦଶ-ପନ୍ଦର ସେକେଣ୍ଡ
ଶାନ୍ତି ରହିଲା
ତା'ର କଷ୍ଟ ଛୁରି ଭୂଷିକି
ଅନ୍ତର୍ବୁଜୁଳା ବାହାରି ପଡିବା
ପରର କଷ୍ଟ ଠାରୁ
କିଛି କମ୍ ନୁହେଁ ଅନୁପାତରେ।

"ଅଜ୍ଞୋ ଅଜ୍ଞୋମେଘ୍ ଠେକେ ହାଲକା ବ୍ରିଷ୍ଟି ହୋଏ
ଛୋଟ ଛୋଟ ଗଳ୍ପ ଠେକେ ଭାଲୋବାସା ସ୍ରିଷ୍ଟି ହୋଏ"
ଖଣ୍ଡ ଖଣ୍ଡ ଧଳାମେଘେ ହୁଏ ମୃଦୁ ବାରିପାତ
ଛୋଟ ଛୋଟ ଗପ ଭିତରେ ସୃଷ୍ଟି ପ୍ରେମର ଶଙ୍ଖନାଦ-
(ଅନୁବାଦ)
ଏଇ ପଦ ମୁଁ ଲେଖିନି
କିଏ ଲେଖିଛି ମୁଁ ଜାଣିନି।
ଏଇ ପଦଗୁଡିକର ନୀଳ ସ୍ୟାହି
ଗାଧେଇଥିଲା ନାଲି ରକ୍ତରେ

ଯେମିତି ଉତ୍ତାଳ ସମୁଦ୍ର ନୀଳ ରାଶି
ସକାଳ ସ୍ନାନ କରେ
ପ୍ରାତଃ ସୂର୍ଯ୍ୟର ଲୋହିତ କିରଣରେ ।

ଏ ଲେଖକ ପ୍ରେମର ଅଙ୍କୁରୋଦଗମକୁ
ଉତ୍ତାରିଥିଲା ବୋଧେ କାଗଜରେ
ହୁଏତ ମନର ଏହି ସୁନ୍ଦର ପୁଲକ
ଆଉ କାହା ହାତକୁ ଦେଇଥାନ୍ତା
ସଜ ଗୋଲାପର ପାଖୁଡା ସହ କିନ୍ତୁ
ସେତ ଏବେ ଦିବ୍ୟ କମଣ୍ଡଳ ଭିତରେ ।
କିଛି ଅସ୍ଥିଗୁଣ୍ଡ ସହ ହିଁ ପୃଥିବୀରେ ଅଛି
କରମଣ୍ଡଳ ତା ଆତ୍ମାକୁ ସେଇ ରାତିରେ ହିଁ
ମୁକ୍ତି ଦେଇଦେଲା ଏଇ ଜନ୍ମରୁ
କିନ୍ତୁ ସେ କିଶଳୟ ଥିବା ଭଲପାଇବା
ଏହି ବହିରେ ଉତ୍ତାରିବା ଜରୁରୀ ଥିଲା
ଆତ୍ମା ପରି ତାଙ୍କ ଭଲପାଇବାର ଦି' ପଦ
ମୋର ଏହି ପୃଷ୍ଠାକୁ ବି କରିଦବ ଅମର ।
ଲୁହାର ଅହଂକାରୀ ହିଂସା ଭିତରେ ବି
ସେ ଦୁଇପଦର ଭଲପାଇବା
ଏ ବହିଟିକୁ ଭୀଷଣ ସ୍ପର୍ଶକାତରତା ଭିତରେ
ସ୍ନେହର ଆଉଁଶା ସ୍ପର୍ଶ ଦେଉଥିବ ସବୁବେଳେ ।

ରକ୍ତ ଧିରେ ଧିରେ
ଥକିଗଲା ଏତେ ଜାଗାରୁ ଝରି ଝରି
ସେ ବି ଝରୁ ନଥିଲା ଝରଣା ଭଳି
ଡବା ଭିତରେ
ରକ୍ତ ଥିଲା ଅଧାଭର୍ତ୍ତି କୁଣ୍ଡ ଭଳି
କାମିଜ ଗୁଡା ସବୁ ନାଲିଆ
ଦାଗରେ ଭର୍ତ୍ତି ଥିଲା
ଚା ପଡି ଦାଗ ଲାଗିଲା ଭଳି ।

କିଛି କାମିଜ ଦିଶୁଥିଲା ଲୋଚାକୋଚା
ରକ୍ତରେ ଚିପୁଡି ହୋଇ, ବତୁରି ହୋଇ
ରକ୍ତ ବହିଚାଲିଲା ମନଇଛା, ଜିଦ୍ କରି
ଟ୍ରାକ୍ଟରର ଡ଼ାଲା, ଆମ୍ବୁଲାନ୍ସର ସିଟ୍ ସବୁଠି
ଫୁଟିଯାଇଥିବା ସୁରେଇରୁ
ସରୁ ସରୁ ଥଣ୍ଡା ପାଣି ବହିଲା ପରି ।
ତା'ର କିନ୍ତୁ ଉତ୍ପତ୍ତି ସ୍ଥାନ
ସେଇ ସବୁ ମଣିଷ ଥିଲେ
ଯେଉଁମାନେ ସେ ଅସହାୟ ରାତ୍ରିରେ
ଥିଲେ କରମଣ୍ଡଳ ଭିତରେ ।

ଲୁହ ବହୁତ ପରେ
ଆତ୍ମପ୍ରକାଶ କଲା ଧିରେ ଧିରେ ।
କିନ୍ତୁ ତା ଉତ୍ପତ୍ତି ସ୍ଥାନ ନଥିଲା ସୀମିତ ।
ବାହାନଗାରୁ ବାଙ୍କୁଡା ଯାଏ
ବିଭିନ୍ନ ଗାଆଁରେ, ସହରରେ
କାନ୍ଦ ସବୁ ମାଡିଚାଲିଲେ
ଶରୀରରେ ଘିମିରି ମାଡ଼ିଲା ପରି
ତା'ର ବେଗ ଧିରେ ଧିରେ
ହେଲା କ୍ଷୀପ୍ର, ତୀକ୍ଷ୍ଣ, ପ୍ରଖର
ତା'ର ନଥିଲା କିଛି ପୂର୍ବ ପ୍ରସ୍ତୁତି
ଛାରଖାର ପରିବାରର,
ମିଳେଇଯାଉଥିବା ସ୍ୱପ୍ନ ସବୁ
ନିଜକୁ ତରଳ ଅବସ୍ଥାରେ
ପରିବର୍ତ୍ତନ କରି
ଶାଖାନଦୀ ପରି ସାମିଲ ହେଲେ
କାନ୍ଦର ମହାନଦୀରେ
ସେ ବନ୍ୟା ଅଟକାଇବାକୁ
ଯୁ' ଟିକିଏ ନ ଥିଲା କାହାର ।

ଅନେକ ରକ୍ତ ପାଣିରେ ଧୁଆ
ଧୋଇ ହେଇ ଚାଲିଗଲେ
ଅନେକ ପାଉଁଶର ବିସ୍ମୃତିରେ
ହେଲେ ବିଲୀନ
ରକ୍ତର ଉତ୍ପତ୍ତି ସ୍ଥଳ କିଛି
ଶ୍ମଶାନର ଘିଅ ଲଗା କାଠ
ହୁତୁହୁତୁ ନିଆଁ ଭିତରେ
ଅଗିରା ଉତ୍ସବରେ ସାମିଲ
କରିନେଲେ,
କିଛି ଭାଗ୍ୟବାନ ଅସ୍ତିତ୍ୱ
ପୂର୍ବଭଳି ଚଳପ୍ରଚଳ ବି କଲେ ।

ସବୁ ଝାଡିଝୁଡି ହୋଇ ଯେ ଝା
ସ୍ଥାନକୁ ଗଲେ
ସମ୍ବେଦନା ଧିରେ ଧିରେ
ପାଲଟିଗଲା ପୁରୁଣା ତାରିଖ
ରେଳଧାରଣା ସେମିତି ଥରିଥରି
ନୂଆ ନୂଆ ରେଳକୁ କଲା ଆଲିଙ୍ଗନ
ରକ୍ତ ବି ସେଇ ପୁରୁଣା ଜାଗା ସବୁଠୁଁ
ଗଣ୍ଠୁଲି ବାନ୍ଧି ଆଉ କୋଉ
ଗୁଳି –ବନ୍ଧୁକର ଯିବା ଆସିବା ସ୍ଥାନରେ
ନିରନ୍ତର କଲା ଚଳପ୍ରଚଳ ।

କାନ୍ଦ କିନ୍ତୁ ଗଲାନି କୁଆଡେ
ସବୁଠୁଁ ବିଶ୍ୱସ୍ତ ଭାବେ ସେ ରହିଲା
ଯେବେ ଛାତିଥରା କଥା
ସ୍ମୃତିପଟଳକୁ ଠକ୍ ଠକ୍ କଲା
କାନ୍ଦ ତୁରନ୍ତ ପାଖରେ ଠିଆ ହୋଇ

ସାନ୍ତ୍ୱନା ଦେଲା ଆଖିକୁ , ମନକୁ
ଏ ସମସ୍ତଙ୍କୁ ଆଉଁଶି , ଶୁଆଇ
ସେ ପୁଣି ଫେରିଗଲା
କୋହର ଛୋଟିଆ କୋଠରୀକୁ ।

ସବୁ ଭୟଙ୍କର କାହାଣୀର
ଦିନେ ନା ଦିନେ
ପୂର୍ଣ୍ଣଚ୍ଛେଦ ପଡେ
ଗୋଟିଏ ଅସମାପିକା କ୍ରିୟା
ଯାହା ବିଭିନ୍ନ ଚରିତ୍ରକୁ
କେବେ ମରିବାକୁ ଦିଏନି
ସେ କେବଳ କାନ୍ଦେ ।
ସେଇ ଅଶୁଭ ରାତ୍ରିର
ଯାବଜ୍ଜୀବନ ସ୍ମୃତି
ସବୁ ରକ୍ତ ଝରଣାର
ଅନ୍ତିମ ପରିସମାପ୍ତି ।
ଲୁହ ।

ଭୟଙ୍କର ଶବ୍ଦ ଅନେକ ଅଛି
ଏକତ୍ର ତାଳଫୋଟକାରେ
ଅଗ୍ନି ସଂଯୋଗ ପରର ଶବ୍ଦ
ଗୁଳିବିଦ୍ଧ ଶରୀରରେ
ପାଣିମୁନ୍ଦା ପାଇଁ ଚିତ୍କାରର ଶବ୍ଦ
ମିଜାଇଲର ଘୋଘୋ ଅଗ୍ନିବର୍ଷା
ଭିତରେ ପ୍ରଚଣ୍ଡ ଶବ୍ଦ
ଏ ସବୁଥିରେ ଗର୍ଜନ ଅଛି
ଅଛି ଫୁଲାଏ ବିଭତ୍ସତା
କାନର ସ୍ନାୟୁ ସବୁ
ଛିଣ୍ଡେଇ ପକେଇବାର ବର୍ବରତା

ଧମନୀର ଜୈବିକ ତାର ସବୁକୁ
ଫଟେଇ ଦେବାର ଭୟାଭୟତା ।

ତା’ ଭିତରେ ଆଉ ଗୋଟେ
ଶୁଭିଲା କ୍ଷୀଣ ଶବ୍ଦଟେ
ଯେବେ ଉଚ୍ଚାରଣ ଶକ୍ତି
ପକ୍ଷଚ୍ଛେଦନ ହେଇଥିବା ଜଟାୟୁ
ପରି ମରଣ ଅପେକ୍ଷାରେ ଥାଏ
ସେଭଳି ଦୁନିଆର ସବୁଠୁ
ଭୟଙ୍କର ଶବ୍ଦ ଶୁଭିଲା
ସଦ୍ୟ ବିଧବାର ସର୍ବ ପ୍ରଥମ କାନ୍ଦରେ
ଯାହାର ଶଙ୍ଖା-ସିନ୍ଦୁର
ନିଜକୁ ସମର୍ପଣ କରିଥିଲା
ଅଦୃଶ୍ୟ ହୋଇ ଶବର
ଧଳା-ଚାଦର ଭିତରେ ।

ନିର୍ଜୀବ ମଣିଷର ଅସ୍ତିତ୍ୱ
କେବଳ ହ୍ୟୁମସ୍ ହେବାକୁ
ଥାଏ ପ୍ରତୀକ୍ଷାରେ ।
ସେ ପୁଅ, ବାପ, ଭଉଣୀ
କିଛି ବି ସ୍ନେହରେ ଆଉ ବନ୍ଧା ନାହିଁ
ତା’କୁ ଚିହ୍ନିବାକୁ ଜଡ଼ ପଦାର୍ଥ ଦେଖ
ହାତର ମୁଦି, ବଳା
ରକ୍ତ ଲଗା ପର୍ସ, ଚପଲ
ସେଇ ଜଡ ବସ୍ତୁ ହିଁ ଚିହ୍ନିପାରିବ
ତା’ ଦିବଂଗତ ମାଲିକର
ମଢ଼ ଶରୀରକୁ ।

ଉଦ୍ଧାରକାରୀ ଈଶ୍ୱର

ଏହି ବିଭୀଷିକା ଭିତରେ
ପ୍ରାଣବାୟୁର ଅବଧି
ଧିରେ ଧିରେ କମି କମି
ଗଲାବେଳେ ଶବର
ଜୀବନ ଉପରେ ପ୍ରାଦୁର୍ଭାବ
ବଢି ବଢି ଯାଉଥିଲା ବେଳେ,
ଚଳଚଞ୍ଚଳ ଭାବେ ଈଶ୍ୱରମାନେ
ଧାଇଁ ଆସିଲେ ଉଦ୍ଧାର କରିବାକୁ
ମୃତ୍ୟୁ ଦ୍ୱାରଦେଶରେ ଯେଉଁମାନେ ଥିଲେ ।

ଆସୁ ଆସୁ ଠିକ୍ ରେଳଧାରଣା ନିକଟରେ
ଗୋଟେ ଚାରିବର୍ଷ ଶିଶୁର
ପାପୁଲି ଠିକ୍ କଡରେ ପଡିଥିଲା
ଅଧାଖିଆ ହେଇଥିବା କଦଳୀ
ଆଉ ତା'ର ହଳଦିଆ ଚୋପା
ବାକି କଦଳୀ ଖାଇବାକୁ
ତାର ଦାନ୍ତ, ଜିଭକୁ ନଥିଲା ଅନୁମତି ।
ମୃତ୍ୟୁର ଉପତ୍ୟକା ଯିବାକୁ
ମାଗଣା ଟିକେଟ୍ କାଟି
ଝିଅଟି କିଛି ମୂହୁର୍ତ୍ତ ଆଗରୁ

ତା'ର ଦୁଆରବନ୍ଧ ଡେଇଁ
ପଶିସାରିଥିଲା ଭିତରକୁ।

ଅନ୍ୟମନସ୍କ ଈଶ୍ୱରଙ୍କ ପାଦ
ଅକସ୍ମାତ୍ ପଡ଼ିଯାଏ
ସେହି କଦଳୀ ଚୋପା ଉପରେ
ହାମୁଡିକି ନିମ୍ନମୁଖା ହୋଇ
ଈଶ୍ୱରଙ୍କ ନାକ, ପାଟି, ଆଖିର
ସଂଘାତ ହୁଏ ଅଧାକଟା ରେଳଡବାର
ଲୁହା ଅଂଶ ଉପରେ।

ରକ୍ତ ଜୁଡୁବୁଡୁ ମୁହଁ।
ଭୟରେ ଅନ୍ୟ ଈଶ୍ୱରମାନେ
ତାଙ୍କୁ ଉଦ୍ଧାର କରି ନେଇଗଲେ
ଅଦୃଶ୍ୟ ଗାଡିରେ
ବାଲେଶ୍ୱର ଡାକ୍ତରଖାନାକୁ
ଯେଉଁଠି ଶତ ଶତ ଅଚିହ୍ନା ମଣିଷ
ଆସିଥିଲେ ଦେବାକୁ ନିଜ ରକ୍ତ
ସେଥିରୁ ତିନି-ଚାରି ବୋତଲ
ଚୋରାଇ ଦିଆ ହେଲା ଈଶ୍ୱରଙ୍କୁ
ସେ ଅଜଣା ଭକ୍ତ ମାନଙ୍କ
ସଂଜିବନୀରେ ତାଙ୍କର ଆଉଥରେ
ହେଲା ନବକଳେବର।
ଚେତା ଫେରିକି ମନ୍ଦିର ଆଡକୁ
ବାହାରିଲା ବେଳେ ସେ ବି ଶୁଣିଲେ
ରାମ ନାମ ସତ୍ୟ ହେ
ହରି ନାମ ସତ୍ୟ ହେ।

■

ପୁଷ୍କର

ମୋର ବି ଦିନେ ମୃତ୍ୟୁ ହେବ
ମୋ ଶିଥିଳ ଶବ ଦେଖିବାକୁ
କୃତ୍ତିକା କି ପୂର୍ବଭାଦ୍ର କି ଉତ୍ତର ଆଷାଢ଼ ନକ୍ଷତ୍ର
ଝଗଡା କରିବେ ନିଜ ନିଜ ସହ
ଶନି ଗ୍ରହ କି ରବି ଗ୍ରହକୁ
କାକୁତି ମିନତି କରି
ନିଜ ସହ ଡାକିବେ କିତି କିତି ଖେଳିବା ପାଇଁ
ମୋ ଆତ୍ମା କ'ଣ ଛାଁ ପଳେଇବ
କାହାର ମହାର୍ଘ ଉପସ୍ଥିତି ବିନା
ସେ ବି ଖୋଜିବ ନିଜ ପାଇଁ
ଏକ ପାଦ, ଦୁଇପାଦ ନହେଲେ
ତିନି ପାଦ ପୁଷ୍କର।

ସେ କ'ଣ ପୁଷ୍କର ଲାଗି ଦୋଷ ଥିବ
ମୋ ନିସ୍ତେଜ ଶରୀର ଚାରିକଡେ
ଶାଳପତ୍ର , ବରପତ୍ର, ଓସ୍ତପତ୍ର
ବରୁଣ କାଠ କେଇ ଖଣ୍ଡ
ଅଜଡା ହେଇଥିବ ଏପଟ ସେପଟ ହେଇ
ମୋ ଆତ୍ମା କଣ ସତରେ ଥିବ
ଏମିତି ମୋହଗ୍ରସ୍ତ ଯେ
ଅସ୍ଥାୟୀ ଭାବେ ପ୍ରେତ ସାଜିବ ଓ

ମୋ ପୁଷ୍କର ଦୋଷକୁ ଛଡାଇବା ପାଇଁ
କରିବାକୁ ହେବ ଅନେକ କିଛି କର୍ମକାଣ୍ଡ।

ସିଏ ଉତ୍ତର ଫାଲଗୁନି ତ
କୋଉ ଦୂରରେ ମିଞ୍ଜି ମିଞ୍ଜି ହେଇ
କେତେବେଳେ ଭୋଦୁଅ ଆକାଶର
ଅଦୃଶ୍ୟ କଣରେ କିମ୍ବା
ଶ୍ରୀମନ୍ଦିର ରୋଷଶାଳାରେ
ଅବଢାର ସ୍ନେହଲେପରେ
କାଳିଆ ହୋଇଥିବା ମାଟିହାଣ୍ଡିର
ପୃଷ୍ଠଭାଗରୁ କିଛି କଳା ନେଇ ଲୁଚିଥାଏ
ନିଜ ଦେହ ସାରା ବୋଳି ହୋଇଥିବା
କୃଷ୍ଣାବେଣୀର ଆକାଶରେ।

ମେଘ ଲିଭେଇ ଦିଏ କୃତ୍ତିକା, ଉତ୍ତର ଫାଲଗୁନିକୁ
ମୋରି ମୃତ୍ୟୁ ପାଇଁ ତ ତାଙ୍କ ଭିତରୁ ଜଣେ
ଅଝଟ କରି ଆତ୍ମପ୍ରକାଶ କରିବ
ତା' ସହ ମୋ ରାଶିରେ ବାରମ୍ବାର
ଅନୁପ୍ରବେଶ କରୁଥିବା ଶନିଗ୍ରହ
ଆଜି ମୋ ଆତ୍ମାର ନୂଆରୂପକୁ
ଦର୍ଶନ କରିବାକୁ ଉପସ୍ଥିତ
ଏତେ ପୁଣ୍ୟବନ୍ତ, ମୁହୂର୍ତ୍ତ କ'ଣ
କେବେ ଅପବିତ୍ର, ଅଶୁଭ ହୋଇପାରେ ?
ତା' ନାଁ ପରା ପୁଷ୍କର
ଅନ୍ଧକାରର ଆତ୍ମବିସ୍ମୃତି ପ୍ରହରରେ
ଆତ୍ମପ୍ରକାଶ କରି
ଦଳ, ପଙ୍କର ସରୋବର ସିଂହାସନରେ
ଫୁଟି ଉଠୁଥିବା ନୀଳ ପଦ୍ମ।
ମୋ ଆତ୍ମା କାଇଁ ବା ପ୍ରେତ ହବ

ସେ ବି ପୁଷ୍କର ଭଳି ଝୁଲି ଝୁଲି ଉଠିବ
ନୁଆ ଏକ ସକାଳରେ
ହୁଏତ ସେଦିନ ଶନିବାର ନ ହୋଇ
ରବିବାର ହୋଇଥିବ
ଦୁଇ ପାଦ ପୁଷ୍କରରେ ମୋ ଶରୀରର
ସବୁ ମଇଳା, ଏକେଲାପଣ, ବ୍ୟାଧି
ଧୋଇ ହୋଇଯିବ ତୁଳସୀ ପତ୍ର ଦୁଇଟିରେ।

କିନ୍ତୁ ଇଏ ପୁଷ୍କର ମିଳନ ପରେ
ଶବ ଭଲସେ ସତ୍କାର ହେଲା ପରେ
ମୋ ଆତ୍ମାର ପରବର୍ତ୍ତୀ
ଗନ୍ତବ୍ୟ ସ୍ଥଳର ନିର୍ଣ୍ଣୟ ପୂର୍ବରୁ
ସେ କିଛି କ୍ଷଣ ବୁଲିଯିବ
ଅନ୍ତରୀକ୍ଷର ବିଭିନ୍ନ ସ୍ଥାନକୁ
କିଛି ଉତ୍ସୁକ ପ୍ରଶ୍ନର
ଅସମାହିତ ଉତ୍ତର ପାଇଁ।

ବୃହସ୍ପତି ଗ୍ରହକୁ ପଚାରିବ
ବାହାନଗାର ମୃତକଙ୍କ ମଧ୍ୟରେ
ତମେ କେତେ ଜଣଙ୍କ
ସପ୍ତମରେ ଚଳନ କରୁଥିଲ ଓ
କେତେଜଣଙ୍କ ନବମରେ
ଶନିକୁ ପଚାରିବ ଯାଇ
କେତେଜଣଙ୍କ ଜନ୍ମ ରାଶିରେ
ଚଳନ ହୋଇଥିଲା
ସେଠି ତ ଶୁଭ ଅଶୁଭ
ସମାନ ହୋଇଗଲେ
ଯେମିତି କଣ୍ଟକିତ କାକଟସ

ବିସ୍ତୀର୍ଣ୍ଣ ଚା ବଗିଚାର ସବୁଜ
ରଙ୍ଗରେ ବିଶେଷ ତଫାତ ନାହିଁ
ଜନ୍ମ ଶନି, ନବମ ବୃହସ୍ପତି ଭିତରେ
ଉତ୍ତମ ଯୋଗ କି ପୁଷ୍କର ଲାଗିବା
ଭିତରେ କିଛି ଫରକ ନାହିଁ
ମୃତ୍ୟୁ ସବୁ ରିଷ୍ଟ, ଶୁଭ ଯୋଗକୁ
ସମତଳ କରିଦିଏ
ତାର ଅନିମନ୍ତ୍ରିତ ଆଲିଙ୍ଗନରେ।
ହସ୍ତରେଖାର ସୁସ୍ପଷ୍ଟତା
ଭାଗ୍ୟରେଖାର ଅଦୃଶ୍ୟତା
ବିବାହ ରେଖାର ଉଜ୍ଜ୍ୱଳତା
ରକ୍ତହୀନ ଭାବେ ପଡିଥିଲା
ତମାମ ଜାତକର ଗଣିତ ସବୁ
ପ୍ରଚଣ୍ଡ ନିଦାଘରେ ଜଳପ୍ରପାତ ଭଳି
ବିସ୍ମୃତ କରିଦେଇ ନିଜ ପରିଚୟ
ସେମାନେ ଲୁଚିଥିଲେ
ଆହତ ଈଶ୍ୱରଙ୍କ କାଖ ସନ୍ଧିରେ।

ଏବେ ଉଜୁଡା ଘର ସବୁର
ଦୁଃଖ ପାଣିଫୋଟକା ଭଳି
ମିଳେଇ ଦେବାକୁ
ଈଶ୍ୱରଙ୍କ ପାଖକୁ ଅନେକ ଭୋଗରାଗ
ଗୁନ୍ଥା ଫୁଲ ସବୁ ଆସିବ
ସେ କିନ୍ତୁ ଖୋଜୁଥିବେ ସେ
ଅଧା କଦଳୀ ଖାଇ ସବୁଦିନ
ପାଇଁ ଶୋଇଥିବା କୁନିଝିଅ କଥା
ତା'କୁ କ'ଣ ଭାବି ଆଣିଥିଲେ
ଏ ପୃଥିବୀ ପାନ୍ଥଶାଳାର

ଅର୍ଦ୍ଧପ୍ରହରର ଯାତ୍ରୀ ଭଳି
ଏ ପ୍ରଶ୍ନ ବି ଅସମାହିତ
ତାଙ୍କର ନିଜସ୍ୱ ଅସ୍ତିତ୍ୱ ଭଳି !

ଲୁହ ଧାରଣା କଡ଼ରେ ....
ବନାନ ଅଶୁଦ୍ଧି ନୁହେଁ
ଲୁହା ଧାରଣା ବଦଳରେ
ଲୁହ ମାନଙ୍କର ଧାରଣା
କହିଲେବି ବିସଙ୍ଗତିର କିଛି
କାରଣ ନାହିଁ।
ବିନା ବିଶ୍ରାମରେ
ଦିନ-ରାତି ଅଷ୍ଟପ୍ରହର ଯାକ
ଲୁହ ସବୁ ପଡୁଛନ୍ତି
ଉପରୁ- ତଳକୁ ଅନବରତ
ତାକୁ ଗୋଡି ଶ୍ରମିକ ଭଳି
ଖଟେଇଥିବାରୁ ସେମାନେ ବି
ଧାରଣା ଦେଇଛନ୍ତି
ବିଶ୍ରାମ କରିବାକୁ କିଛି ସମୟ।

■

ଶବର ପାଉଣା

ଓଲଟା ରେଳଡବା କଡ଼ରେ
ଖାଲି ଶବମାନେ ବିଶ୍ରାମ
ନେଉନଥିଲେ, ଅନେକ ପାଉଣା ସବୁ
ପଡ଼ିଥିଲେ ଏଣେତେଣେ,
ବଟୁଆର କାଗଜ ଓ କାର୍ଡ ଭିତରେ
ରାଜମିସ୍ତ୍ରୀର ମାସିକିଆ ଘର ତିଆରି ପାଉଣା
ବାଲିଘାଟର ଉତ୍ତପ୍ତତାରେ ଦଗ୍ଧ ଶ୍ରମିକର
ସାପ୍ତାହିକ ମଜୁରୀ
କଲେଜର ଷାଣ୍ମାସିକ ପଢ଼ା ଖର୍ଚ୍ଚ
ଟ୍ରାକ୍ଟରର୍ ଚତୁର୍ଥ କିସ୍ତି ପଇସା
ଭିଣୋଇଠୁ ଧାର-ଉଧାର କରି
ପୁରୁଣା ଋଣରୁ ମୁକୁଳିବା ପାଇଁ
ନୂଆ ପଇସା
ମାସିକିଆ ଦରମାର ଛୋଟିଆ ରବର ବନ୍ଧା
ଖଡଖଡିଆ ଉଠାଣ ନୋଟ
ଏ ସବୁ ତଳେ ପଡିଛି, କାଳବୈଶାଖୀ ପରେ
ଦୁର୍ବଳିଆ ଡ଼ାଳ ଓ ବାନପ୍ରସ୍ଥରେ ଥିବା
ଶୁଖିଲା ପତ୍ର ସବୁ
ଯେମିତି ପଡିଥାଏ ଏଠି ସେଠି
ଅଂହକାରୀ ବର୍ଷାର ହିଂସା ଉପରେ।

ସବୁ ପାଉଣା ଅନାଥ ।
ପ୍ରାପକର ଠିକଣା ଊହ୍ୟ
ବଟୁଆର ମାଲିକ
ଧଳା ଚଦରର ଘୋଡ଼ଣା ତଳେ
ପରିଶ୍ରମର ଝାଳରେ ଅର୍ଜିତ ପାଉଣା
ପରିତ୍ରାଣର ବିଫଳ ପ୍ରୟାସର ଲହୁରେ
ପାଲଟେ ମୂରବୀ ବୀହିନ ।

■

ମୃତ୍ୟୁର କିସ୍ତି

ମୃତ୍ୟୁକୁ ଥରକରେ
କିଣି ହୁଅନ୍ତାନି
ସେ ପାଇଁ ଯାହାବି ମୂଲ୍ୟ
ନିର୍ଦ୍ଧାରଣ କରାଯାଆନ୍ତା
ପୁରୁଣା ଅହଙ୍କାର ସବୁକୁ
ଈର୍ଷାରେ ଜଳିଥିବା ସ୍ନାୟୁ ସବୁକୁ
ଚିପୁଡିକି, ତରଳେଇକି
ମିଳେଇ ଦେଇଥା'ନ୍ତି, କଟିଯାଇଥିବା
ହାତ, ଗୋଡ଼ ସହିତ
ରକ୍ତର ସିନ୍ଦୁର ଖେଳାରେ
ଗାଧେଇଥିବା ମୋ କପାଳର
ଅଣୁ ପରମାଣୁ ସହିତ।

ମୃତ୍ୟୁ କ'ଣ ମାନିଲା କି!
ଥରକରେ କିଣି ହୋଇଗଲେ
ତା'ର ଦୁର୍ଲ୍ଲଭତା
ରହିଥା'ନ୍ତା ବି କେମିତି!
କିସ୍ତି ଦେଇଦେଇ
କିଣିବାକୁ ହବ ମୃତ୍ୟୁକୁ
ପ୍ରଥମ କିସ୍ତିରେ
ଶରୀର ଅଙ୍ଗପ୍ରତ୍ୟଙ୍ଗ

ହେଲେ ଉତ୍ସର୍ଗ
ଖାଲି ବଞ୍ଚିବା ପାଇଁ
ଯେତିକି ଦରକାର
ସେତକ ଛାଡ଼ିକି
ରକ୍ତ ସବୁ ସମର୍ପଣ
କରିଦେଲେ ପରବର୍ତ୍ତୀ କିସ୍ତିରେ ।

ନିଃଶ୍ୱାସ-ପ୍ରଶ୍ୱାସକୁ ସୁରକ୍ଷିତ ଜମା ରଖି
ମୃତ୍ୟୁ ମାଗିଲା ପରବର୍ତ୍ତୀ କିସ୍ତି
ଜୀର୍ଣ୍ଣ ଶରୀର ପାଖେ ଅକର୍ମଣ୍ୟ
ପ୍ରାଣବାୟୁ ଛଡ଼ା
କିସ୍ତି ସୁଝେଇବାକୁ ନଥିଲା ଆଉ କିଛି ।
ଏ ବିଭତ୍ସତା ଭିତରେ
କୁନି ଝିଅର ଖେଳଣା ସବୁ
ପ୍ରତିଦିନିଆ ଆଉଁଶାରୁ
ବଂଚିତ ହେଇ ବିଳିବିଳଉଥିଲେ
ପୁରୁଣା ସିନ୍ଦୁର ଫିକା ପଡ଼ିବା ସହ
ଫଗୁଆ ଭିତରର ବାକି ତକ
ସିନ୍ଦୁର ମଥାର ସିନ୍ଥାନି ପାଇଁ
ଆଉ ଉପଯୁକ୍ତ କି ନାହିଁ
ତାହାର ନିର୍ଣ୍ଣୟ ହେଉଥିଲା
ପନ୍ଦର ନମ୍ବର ଶଯ୍ୟା
କଡ଼ରେ ଲାଗିଥିବା ଡିଜିଟାଲ ବୋର୍ଡରୁ
ଯେଉଁଠି ତରଙ୍ଗ ଭଳି କିଛି
ନାଲି – ନେଳି ଗ୍ରାଫ୍
ଉପର ତଳ ହେଉଥିଲେ ଅନବରତ ।
ମ୍ରିୟମାଣରେ ଓଜନିଆ ଆଖି
ପ୍ରତି ମୂହୁର୍ତ୍ତରେ ବୋହୁ ଥିଲା
ଅଧିକରୁ ଅଧିକ ସାନ୍ଦ୍ର ହେଉଥିବା

ଲୁହ ସବୁକୁ
ଲୁହ ସବୁ ଆଗାମୀ ଦୁଇ ଦଶକର
ଅମାର ଗୃହରୁ
ତତକ୍ଷଣାତ ଅପସାରଣ କରି
ଦିଆ ହେଇଥିଲା ଆଖି କୋରଡକୁ
ବିପତ୍ତିର କୋରଡ଼ା ମାଡ଼ରେ
ଆଖି କୋରଡ଼ର ଧାର ଉଧାର
କଥା କିଏ ପଚାରେ !

ଆଖି ଭିତରେ ଜାଗା ଖୋଜୁଥିଲେ
ଆଶାର ଉପନିଷଦ ମାନେ
ସବୁ ମାର୍ମିକ ଉପାଖ୍ୟାନକୁ ଭରି ଭରି
ଆଧ୍ୟାତ୍ମ୍ୟକୁ ଗୁନ୍ଥି ଗୁନ୍ଥି
ଆଖି ଭିତରେ ତେତିଶ କୋଟି
ଦେବତାକୁ ଆସ୍ଥାନ ଦେଲା
ବିକଳ ଆକାଂକ୍ଷାର ଅନ୍ତଃସ୍ୱର ।
ମାନସିକର ଘିଅ ତର୍ପଣ
ଗଛରେ ନାଲି ଦଉଡି ବାନ୍ଧି
ମନ୍ତ୍ର ସବୁ ଆକଣ୍ଠ ଉଚ୍ଚାରଣ କରି
ଫେରିଗଲେ ଆଶାର ବାଲିକୁଦ ଭିତରେ
ଯାହା ଆଖି ଭିତରେ ପ୍ରତିଯୋଗିତା କରୁଥିଲା
ଲୁହ ସହ ନିଜର ସ୍ଥାନ ଅକ୍ତିଆର ପାଇଁ ।

ଇଏ ସବୁ ବିକଳ ପ୍ରାର୍ଥନା
ସାଉଁଟି ସାଉଁଟି
ଗୋଟିଏ କିସ୍ତିରେ ଅର୍ପଣ
କରାହେଲା ମୃତ୍ୟୁକୁ
ଏଥର ବୋଧେ ମୃତ୍ୟୁ ଫେରିଯିବ
ଦେବତା ମାନଙ୍କ ମିଳିତ

ହୋମଯଜ୍ଞର ପୁଞ୍ଜିଭୂତ ଦିବ୍ୟତାରେ
ମୃତ୍ୟୁ କିନ୍ତୁ ମନାକରିଦେଲା ଏ ସବୁ
ଇଏ ସବୁ କ'ଣ କିସ୍ତି !
ଇଏ ସବୁ ତ' ଲାଞ୍ଚ !
ମନ୍ତ୍ରର ଉଚ୍ଚାରଣରେ ମଣିଷର
ହିସାବ – ନିକାସ
ମୃତ୍ୟୁକୁ ବି ଅଭିମନ୍ତ୍ରିତ କରିବାର
ଆସ୍ଫାଳନରେ
ବିଶ୍ୱାସର ଆହୁତିକୁ ଠପ୍ ଠପ୍ କରି
ମିଳେଇଦେଲା ଅସଫଳତାର ନିଆଁରେ ।

ମୃତ୍ୟୁ କୋଳେଇନେଲା ଲୁହ ସବୁକୁ
ଇଏ ଅମୂଲ୍ୟ କିସ୍ତି ସବୁ
ଏଥିରେ ସୁଧ-ମୂଳ-ସହ
ଅନେକ ଲୋଭର ଶାଖାନଦୀ
ଅସୂୟାର ଉପନଦୀ
ନିଜ ଅସ୍ତିତ୍ୱକୁ ତୁଚ୍ଛ ମନେ କରି
ମିଶେଇ ଦେଇଛନ୍ତି
ବିଶ୍ୱାସର ମହାନଦୀରେ
ଯାହା କାକୁତି ମିନତି ହଉଛି
ମୃତ୍ୟୁର କଳିଙ୍ଗସାଗରରେ
ମିଶିଯିବା ପାଇଁ
ମୁହାଁଣର ପ୍ରଶସ୍ତ ପାଟି ଭିତରେ
ପ୍ରତିବଦଳରେ ଗୋଟିଏ ନିରୀହ ଅସ୍ତିତ୍ୱର
ଜୀବନଦାନ ଭିକ୍ଷା କରି ।

ମୃତ୍ୟୁ ଗ୍ରହଣ କଲା
ଲୁହର ଏଭଳି ସମର୍ପଣ ଭାବ
କୁନି ଝିଅର

ନିଷ୍ପାପ ହୃଦୟକୁ ଟାଣି-ଓଟାରି
ଧଳା ଗୋଲାପ ଭଳି ମନକୁ
କଟା କଟି କରି ଯୋଉ
ଲୁହ ସବୁ ନିଗିଡି ଥିଲା
ସେତିକି କିଣି ଦେଲା ମୃତ୍ୟୁକୁ
ବାକି ମୂଳ, ସୁଧ ସବୁ
ପ୍ରତ୍ୟାହାର କରି
ମୃତ୍ୟୁ ଛାଡିଦେଲା ପନ୍ଦର
ନମ୍ବର ଶଯ୍ୟାର ଅସ୍ତିତ୍ୱକୁ।

ଏଭଳି କିଛି ମହାକ୍ଷମା
କରମଣ୍ଡଳ ଦୁର୍ଭାଗ୍ୟ
ଅସ୍ତିତ୍ୱ ମାନଙ୍କ ମଧ୍ୟରୁ
ଅଳ୍ପ କିଛି କ୍ଷତାକ୍ତ ଶରୀରକୁ
ହିଁ ପ୍ରାପ୍ତ ହେଲା।
ଅନ୍ୟ ଅସ୍ତିତ୍ୱ ମିଶିଗଲେ
ପଞ୍ଚଭୂତର ମହାଜାଗତିକ
ଆଲିଙ୍ଗନରେ
ଯେଉଁଠି ପ୍ରିୟଜନ ମାନଙ୍କ
ଆଖିର ଆଶା ସବୁ
ଅଚିରେ ଅପହରଣ ହେଇ
ସେଥିରେ ଭରିଗଲା
କାଲିର ଭୟଙ୍କର ଅନ୍ଧକାର
ଯୋଉଥିରେ କିଛି ବି ଦେଖିବା
କି ଦେଖିବାକୁ ପ୍ରୟାସ କରିବା
ସମ୍ଭବପର ନୁହେଁ।

ମୃତ୍ୟୁ ଗୋଟେ ଉଚ୍ଚ ନ୍ୟାୟାଳୟର
ଅଳନ୍ଧୁଲଗା ଥାକରେ

ଧୂଳି ଲେପ ଖାଇ ସଢୁଥିବା
ଅପେକ୍ଷାରତ ନ୍ୟାୟ ଭିକ୍ଷାର୍ଥୀ
ହୋଇଥା'ଆନ୍ତ କାଳେ
ଯାହାର ପରବର୍ତ୍ତୀ ତାରିଖ
ଘୁଞ୍ଚେଇ ଘୁଞ୍ଚେଇ
କେତେ ବର୍ଷା-ବୈଶାଖ-ବସନ୍ତ
ଅତିକ୍ରମ ହେଇଯାଏ।

ଖାଲି ଚୌକି

ପଢାପଢି ଭଲସେ କରୁଛୁ ?
ପହରଦିନ ଶୁଭିଥିଲା
ନୀଳଚୌକି ଉପରୁ
କୋରା ନଡିଆ ଭଳି ବା
ଅଧା ଖିଆ ହେଇଥିବା
ପାନ ଖଦଡା ଭଳି
ରଗଡା କଣ୍ଠରୁ ।

ପାଞ୍ଚ ମାସ ଆଗରୁ
"ମନ ଦେଇ ପଢୁନୁ"
ଯାଙ୍କରେ ପଡିଲା ପରେ
ତରଳ ଘିଅର ତାତି ବା
ଜୁନ୍ ର ପ୍ରଥମ ସପ୍ତାହରେ
ସମ୍ବଲପୁରର ଶୂନ୍ୟ
ପ୍ରଶସ୍ତ ରାସ୍ତା ଉପର
ଅସହ୍ୟ ତାତି ଭଳି
ଉଷ୍ମ କଣ୍ଠରେ ଶୁଭିଥିଲା
ନୀଳ ଚୌକିରୁ ଆବାଜ ।

ଆଉ ଆଜି ପୁଣି...
ନାଇ ଚୌକିଟା
ଶୂନଶାନ୍ ଜାକି ହେଇ
ଆଲମିରା କଡ଼ରେ
ବସିଛି;
ତା' ଉପରେ ଚାରି
ବର୍ଗଫୁଟରେ କାଠ ବନ୍ଧେଇ
ଫଟୋଟେ
ଦିନକର ବାସି ଗେଣ୍ଡୁ
ପଡିଛନ୍ତି ଖେଳେଇ ହୋଇ
ସେଠୁ ରକ୍ଷ , କି ଗରମ
କିଛି ବି ଶବ୍ଦ ବା ଉଚ୍ଚାରଣ
ଖେଳେଇ ଯାଉନି ବାହାରକୁ
ସେ ଉଚ୍ଚାରଣ ସବୁ
ହେମନ୍ତ ଋତୁର ଅସ୍ତିତ୍ୱ
କିମ୍ୱା ଦୁଆତ କଲମ ଭଳି
ଶେଷ ବିଶ୍ରାମ ନେଇଗଲେଣି ।
ଆତ୍ମା ଯଦି ବି ବୁଲୁଥିବ
ଏଠିସେଠି
ସେ ଛଦ୍ମବେଶରେ ହିଁ ତ ଥିବ
ଆଉ ସେ ମୂକ ବି
ଶୋଇଲା ପରେ ହିଁ
କିଛି ଶବ୍ଦ ଉଚ୍ଚାରଣ କରିପାରିବ
ମୋ ଅର୍ଦ୍ଧଚେତନ ମନରେ
ଏବେ ସେ ନୀଳ ଚୌକି
କିଛି ଦିନ ଦେଖିବାକୁ ଦିଅ
ବାପାଙ୍କ ଅସ୍ତିତ୍ୱ ସେଠୁ କ'ଣ ଯାଉଛି କି ?

ସେ ଆଗ ନିଜ ମନରେ ଯାଆନ୍ତୁ
ପଞ୍ଚଭୂତର ଅଜ୍ଞାତ ଉପତ୍ୟକାରେ
ସେ ଯାଏ ଆତ୍ମା –ପରମାତ୍ମାର
ବାଜେ କଥା ସବୁ ଉହ୍ୟ ଥାଉ।
ରିକ୍ତ ଚୌକି ଓ ମୋ ନିର୍ଜନତା
କଥା ହଉଛନ୍ତି
ତାଙ୍କ କଥା ସରିବାକୁ ଦିଆ ଯାଉ।

ମରଣର ଆତ୍ମବିସ୍ମୃତି

କାନ୍ଥରେ ଫିକା ପଡିଥିବା
ଧୂସରିଆ ଝୋଟି ଭଳି
ପ୍ରତିଦିନ ରୋଗାକ୍ରାନ୍ତ ହେଇ
ଉଭାନ୍ ହେଉଥିବା
ଅତୀତର ଭଲପାଇବା ଭଳି
ଜୁନର ପ୍ରଥମ ସପ୍ତାହରେ
ଅପେକ୍ଷାରତ ମୌସୁମୀ ଭଳି
ନଥିପତ୍ରର ଧୂଳି ଲଗା
ପୁରୁଣା ପୃଷ୍ଠା ଭଳି
ନୀରିହତାର କୁଣ୍ଡରେ
ଗାଧେଇଥିବା ଶିଶୁର
ଯୁଆନ ଅବସ୍ଥାରେ ପ୍ରବେଶ ଭଳି
ପହଡ ପଡିଥିବା ମନ୍ଦିର
ଦ୍ୱାର ଫିଟା ନୀତି ପରେ
ଆଉ ଗୋଟେ ସକାଳ ଦେଖିବା ପରି
କମ୍ପ୍ୟୁଟରର ପରଦା ଉପରେ
ଅଗଣିତ ଅକ୍ଷର ଓ ସଙ୍କେତ
ଲିପିବଦ୍ଧ କରିବା ପରେ
ଆସନ୍ତାକାଲିର ପରଦାରେ
ନୂଆ ଏକ ଅକ୍ଷର ପୁଞ୍ଜର
ସମାହାର ଭଳି

ଘୋରି ହେଇଥିବା ଚପଲର
କୋଣଠେସା ଅସ୍ତିତ୍ୱ ଭଳି
ମୂଲ୍ୟବାନ ନୂଆ କପଡ଼ା
ମୂଲ୍ୟ ସବୁ ସମର୍ପଣ କଲା ପରେ
ଅଦରକାରୀ ହେବା ପରି
ଶ୍ମଶାନର ମୁଠା ମୁଠା ପାଉଁଶ
କାନ୍ଦ ସବୁ ପିଇ ସାରିଲା ପରେ
ଅପରିଷ୍କାର ହେଇଗଲା ପରି ,
ମୃତ୍ୟୁ ବି କିଛି ଦିନ ପରେ
ବନ୍ଧେଇ ଫଟୋର ଅବୟବ ଭିତରେ
ନିଜକୁ ସଂକୋଚନ କରି
ନିଜକୁ ଆତ୍ମବିସ୍ମୃତ କରିଦିଏ ।

ମୃତ୍ୟୁ ଗୋଟେ କବିତା ନା ରାତି ନା ଭୂଗୋଳ ନା ମୁକ୍ତି ?

ମୃତ୍ୟୁ ଗୋଟେ ଅନ୍ତଃସତ୍ତ୍ୱା କବିତା ଭଳି
ଯାହାର ଭ୍ରୁଣ ପରିଣତ ହୋଇଛି
ଜନ୍ମ ନେଇନଥିବା ଶିଶୁରେ
ମୃତ୍ୟୁ ଆସିଯିବା ପରେ
ସେ କବିତାଟି ନୂଆ ଜନ୍ମ ପାଏ।
ତାହାର ଶବ୍ଦ ସବୁ
ଅନେକ ପ୍ରାଥମିକ ଭ୍ରୁଣ ସହ
ପ୍ରତିଯୋଗିତା କଲା ପରେ
ଜୀବନ୍ତ କାଳିରେ କରନ୍ତି
ଆତ୍ମପ୍ରକାଶ।
ତା'ର ପ୍ରତ୍ୟେକ ବାକ୍ୟରେ
ଗର୍ଭଧାରଣ କରିଥିବା
ମାଆର ଚିତ୍କାର ଥାଏ
ତା' ବୁକୁର ଚାରିପାଖ
ଶିରା-ପ୍ରଶିରାର
ଅସଂଖ୍ୟ କ୍ଷତ ଓ ଦାଗ ଭିତରେ
ନୂତନ କବିତାର ଅସ୍ତିତ୍ୱ
ବେଦନାର ପ୍ରସାର ଚିହ୍ନ ହିଁ ତ ଥାଏ।
କବିତାର ଭ୍ରୁଣ ଅଂକୁରୋଦଗମ

ହେବା ଯାଏଁ
କେତେ ଯେ ଆହତ ଅଶ୍ରୁ
ଭଗ୍ନତାର ଲୁହରେ ଜର୍ଜରିତ
ଶରୀରର ଅସହାୟ ପଣତରେ
ସମ୍ବେଦନର ଅଗନାଅଗନୀ
ବନସ୍ତ ଭିତରେ ଘୂରିବୁଲେ
ସେ ଯନ୍ତ୍ରଣା ଭୋଗିବାର ଦାୟିତ୍ୱ
ସେଇ କବିର ଯିଏ
ନୂଆ ଶିଶୁକୁ ଜନ୍ମ କରିବାକୁ
ଶତାବ୍ଦୀ ଯାକର ପ୍ରାଣ- ପୀଡାକୁ
ଏକ – ଦୁଇ ପୃଷ୍ଠାର ଅକ୍ଷର ମାନଙ୍କରେ
ଏକେଲାପଣରେ ସହ୍ୟ କରିଥାଏ ।

ମୃତ୍ୟୁ ଜୀବନର ଦ୍ୱିତୀୟ ଓ ଅନ୍ତିମ ବିନ୍ଦୁ ।
ଜନ୍ମ ହେଲା ପ୍ରଥମ ବିନ୍ଦୁ ।
ଜୀବନର ବିପରୀତ ବୋଧ ନୁହେଁ ମୃତ୍ୟୁ ।
ଜନ୍ମ ଓ ମୃତ୍ୟୁର ଦୁଇ ବିନ୍ଦୁ ଭିତରେ
ଜୀବନ କେବେ ସରଳରେଖା
କେବେ ଛନ୍ଦା ଛନ୍ଦି ଥିବା ରେଖା
କେବେ ଅସମତଳ ତ୍ରିଭୁଜ
କେବେ ଛୋଟ ଦୈର୍ଘ୍ୟ ଥିବା
ଆୟତକାର କ୍ଷେତ୍ର
କେବେ ପରିଧି ନଥିବା ବୃତ୍ତ
କେବେ ଛକି- ଶୂନ ଖେଳର ପୃଷ୍ଠା
କେବେ ଅଟିରେ ସମାଧାନ
ହେଉଥିବା ମାନସାଙ୍କ
କେବେ ଅବିଭକ୍ତ ଭଗ୍ନାଂଶ
କେବେ ବନ୍ଧନୀ ଭିତରର
ବିଯୁକ୍ତ ଚିହ୍ନ

କେବେ ମୌଳିକ ସଂଖ୍ୟାର
ଶୂନ୍ୟ ସହ ଗୁଣନ
କେବେ ବୀଜଗଣିତର ଏକ୍ସ
କେବେ ଅଯୁଗ୍ମ ସଂଖ୍ୟା
ଦୁଇଟିର ମିଶାଣ ।
ଅନ୍ତିମ ବିନ୍ଦୁରେ ହିଁ ତ ବ୍ରହ୍ମାଣ୍ଡ
ସେଇ ବିନ୍ଦୁରେ ଆରମ୍ଭ ହୁଏ
ମହାଜଗତ ।

ମୃତ୍ୟୁ ଉଭୟ ମେରୁର
ଅନ୍ତିମ ପରିଚିହ୍ନିତ ସ୍ଥାନ ।
ଜୀବନ କେବେ
ଭାଗୀରଥିର ଅତଳତଳ
ଜଳରାଶି ପରି ଶାନ୍ତ
କେବେ କଳିଙ୍ଗସାଗରର
ଅଗଣିତ ବାତ୍ୟା ପରି ହିଂସ୍ର
କେବେ ଦେଓମାଳୀର
ବିଶାଳତା ଧରି ମଧ୍ୟ ସ୍ଥିତପ୍ରଜ୍ଞ
କେବେ ଡୁଡୁମାର ଗତି ପରି ତରତର
କେବେ କଳିଙ୍ଗା ଘାଟିର
ହେଆରପିନ୍ ବଂକାଣୀ ପରି ଅନିର୍ଦ୍ଦିଷ୍ଟ
କେବେ ଧୂଳି ଜମିଥିବା
କିଲୋମିଟର୍ ଖୁଣ୍ଟି ଭଳି ଅସହାୟ
କେବେ ବକ୍ସାଇଟର କଠୋରତା ଭଳି
ଶୁଷ୍କ, ଅଭେଦ୍ୟ
କେବେ କୋଇଲାର ଅମାବାସ୍ୟା ରଂଗରେ
ଅନ୍ଧକାରମୟ
କେବେ ବଜୁରୀର କ୍ଷୁଦ୍ର ଆକାର ଭିତରେ
ତୃପ୍ତ, ସନ୍ତୁଷ୍ଟ

କେବେ ବିଶାଳ ବରଫ ପାହାଡ଼ର
ନଭଶ୍ଚୁମ୍ବୀ ଅବୟବ ଧରି ବି
ଅଶାନ୍ତ, ବିଚଳିତ।

ଧୂଳିଝଡ଼ ଓ କୁଳୁକୁଳୁ ପ୍ରବାହିତ ଝରଣାର
ଆକସ୍ମିକତା ଓ ଅନନ୍ୟତା ଭିତରେ
ମୃତ୍ୟୁ ବି ଜୀବନର ମାନଚିତ୍ରରେ
ପୂର୍ବାର୍ଦ୍ଧ ଓ ପଶ୍ଚିମାର୍ଦ୍ଧ ଏକାକାର ହେଉଥିବା
ଏକ ଅବିସ୍ମରଣୀୟ ଭୂଗୋଳ।

ମୃତ୍ୟୁ ଗୋଟେ ପାହାନ୍ତା ରାତି
ଯାହାକୁ କେହି ବୋଧେ ଦେଖନ୍ତିନି
ଯିଏ ମିଳେଇଯାଏ ପଂଚଭୂତରେ
ଯାହାର ପୂର୍ବାପର ସଂଗତି ନାହିଁ
ସିଏ ଏକ ବିଚିତ୍ର ଆକସ୍ମିକତା
ଆତ୍ମାକୁ ମୁକ୍ତ କରିଦିଏ
ଭୌତିକତାର ଚାଙ୍ଗୁଳ ଭିତରୁ
ଅସ୍ଥାୟୀ ଶରୀରର ଶିକୁଳି ଭିତରୁ
ନଶ୍ୱରତାର ପଂଜୁରୀ ଭିତରୁ
ଜାଗତିକ ଅଭିନୟର ମଂଚ ଭିତରୁ
ସବୁ ଲହୁର ଲୁଣିଆ ପଣରୁ
ସବୁ ଲୁହର ପିତା ପଣରୁ
ମୃତ୍ୟୁ ଆଣେ ନୂଆ ସକାଳ
ଯାହାକୁ ସ୍ୱର୍ଗରୁ ଦେଖି ହୁଏ
ଉତ୍ସୁକ ଦର୍ଶକ ଭଳି
ପୃଥିବୀରେ ଅନେକ ଅଭିନୟ
ପ୍ରତିଦିନ ମଞ୍ଚସ୍ଥ ହୁଏ।

ଭଲ ପାଇବା ସହ ସନ୍ଧି ବିଚ୍ଛେଦ ପରେ
ଧମନୀରେ ଅଚିରେ ବୋହୁଥିବା
ରକ୍ତ ସବୁ ଅନ୍ୟମନସ୍କ ଭାବେ
ବୋହିଯାଆନ୍ତି ବୋଧେ
ଫୁସ୍ ଫୁସର ନାଡି ସବୁ
ଚଳପ୍ରଚଳ ହେଉଥିବା ନିଃଶ୍ୱାସ-ପ୍ରଶ୍ୱାସକୁ
ଆତିଥ୍ୟ ଦିଅନ୍ତି ନାହିଁ
ପ୍ରତିଦିନ ଶହେ ବାର ମୃତ୍ୟୁ ଭୋଗିବା
ପ୍ରତି ମୂହୁର୍ତ୍ତରେ ମୃତ୍ୟୁ ଭୋଗିବା
ଭଳି ହତୋତ୍ସାହ ଅନେକ ଶୂନ୍ୟ ଚାରିକାନ୍ଥର
କ୍ଷୁଦ୍ର ବର୍ଗଫୁଟ୍ ମାନଙ୍କରେ ପ୍ରତିଧ୍ୱନିତ ହୁଏ
ଅଦୃଶ୍ୟ ଚିତ୍କାର ଭଳି ।

ମୋହଭଙ୍ଗ ତ ମୃତ୍ୟୁ ନୁହେଁ
ତକିଆ ଭିତରର ତୁଳା ସବୁ
କପଡ଼ାର ଆସ୍ତରଣ ଭିତରୁ
ମୁକ୍ତ ହୋଇ ଏଣେତେଣେ
ଯଦି ଉଡ଼ିଗଲେ ବି
ସେଥିରେ ତୁଳା ମାନଙ୍କର
କ'ଣ ମୃତ୍ୟୁ ହୁଏ ?
ଯନ୍ତ୍ରଣା ସବୁ ବୁଢିଆଣୀ ଜାଲ ଭଳି
ଛାତି, ମନ, ସୁଶୁମ୍ନାକାଣ୍ଡ ସବୁକୁ
ଗୁଡ଼େଇ ତୁଡେଇ ରଖିଲେ
ସେ ସବୁ ଇନ୍ଦ୍ରିୟ ମାନଙ୍କର
ମହାଗ୍ଲାନିରେ ପଥର ତୁଠରେ
ଉଠୁଛନ୍ତି ଖସଡା ଶିଉଳି ଭଳି
ଇନ୍ଦ୍ରିୟର ଖସଡା ଶିଉଳିରେ
କଚାଡିକି ପଡି ହୋଇ
ଭିତରେ ଏତେ କ୍ଷତ ସବୁ

ଆବୋରି ନେବାକୁ
ନା ଜୀବନ କହିଥିଲା ନା ମୃତ୍ୟୁ।

ମୃତ୍ୟୁ ଓ ମୁକ୍ତି ବିଶେଷ ତଫାତ୍ ନାହିଁ
ଆସକ୍ତି ଆଉ ବନ୍ଧନକୁ
ତକିଆର ତୁଳା ପରି ମୁକ୍ତ କରିଦେଲେ
ତା'ର ଅସ୍ତିତ୍ୱ ଯେମିତି ସମାପ୍ତ ହୁଏ
ଏକ ଚଳପ୍ରଚଳ ମଣିଷ ବି
କାମନା, ଆକାଂକ୍ଷାର ଶୃଙ୍ଖଳରୁ
ନିଜକୁ ମୁକ୍ତ କରିଦେଲେ
ସେ ବି ଏକ ସ୍ୱପ୍ନ ରହିତ
ସୁନିଦ୍ରା ପ୍ରହର ଭଳି
ମୁକ୍ତ ହୋଇଯାଏ ଜୀବନର
ଦୁର୍ବାର ଆଶ୍ଲେଷା ଭିତରୁ।

ଜୀବନ ବି ଯୁକ୍ତାକ୍ଷରର କିଛି ମାଳା
ତା'କୁ ଭାଙ୍ଗି ଚୁରମାର୍ କରିଦେଲେ
ସ୍ୱାଧୀନ ଅକ୍ଷର ମାନେ
ଅଲଗା ଅଲଗା ସ୍ଥାନରେ ମିଶିଯାଇ
ତିଆରି କରିପାରିବେ
ନୂଆ ନୂଆ ଯୁକ୍ତାକ୍ଷର।
କଷ୍ଟକୁ ଅଣୁମୃତ୍ୟୁ ଭାବିବା ବି
ଇନ୍ଦ୍ରିୟ ମାନଙ୍କର ଚକ୍ରାନ୍ତ
ସେଇମାନେ କ୍ରୀତଦାସ ହୋଇଗଲେ
କ୍ଷତ ସବୁ ନ ପାଚି ପୁଣି
ଚମ ସହ ମିଳେଇଯାଏ
ପୁରୁଣା ରଙ୍ଗ, ପୁରୁଣା ପରିସ୍ଥିତି ସହ
ମୃତ୍ୟୁ ତ ଜୀବନର ଅନ୍ତିମ ସ୍ଥାନ
ସେ ସ୍ଥାନ କ'ଣ ଭୟଙ୍କର କି

ନା ନା କଦାପି ନୁହେଁ
ଜଞ୍ଜାଳ କି ଶିକୁଳିରୁ ମୁକ୍ତ ହେଲେ
ସେଟା ଭୟଙ୍କର ନୁହେଁ।

ମାଛ ଗୁଡିକର ଅର୍ନ୍ତବୁଜୁଳା
ବରଫ ପାଲିଟିଛନ୍ତି
ନୂଆ ପ୍ରକାରର ଘୂର୍ଣ୍ଣିବାତ୍ୟାରେ
କଇଁ ଫୁଲ ଜଳୁଛି ପୋଖରୀ ଭିତରେ
କୁହୁଡ଼ିର ପରସ୍ତ ପରସ୍ତ
ଧୂଷରତା ଅତିକ୍ରମ କରି

ଦାୟିତ୍ୱ ମୁକ୍ତ ହେବା ଠିକ୍ ପୂର୍ବ ମୁହୁର୍ତ୍ତରେ
ଅନତି ଦୂରରେ ପ୍ରେମିକା
ବୁଡିଯିବାକୁ ବସିଲାଣି
ବାଲି ରାଶିର ମସୃଣ ସ୍ତର ଭିତରେ।

ମାଛ ପେଟରେ ବି ପାଣି ନାହିଁ
ଖାଲି ଶୁଷ୍କ ବରଫ
ପ୍ରେମିକାର ଶବ୍ଦ ସବୁ
ଛପି ରହିଛନ୍ତି ପାଖରେ
ଅନାଥ ଭଳି ପଡ଼ିରହିଥିବା
କମ୍ବଳ ଭିତରେ
ସେ ଶବ୍ଦ ସବୁ ଉଷ୍ମତା ଭିତରେ
ଯାହା ପାଇଁ ଲେଖା ହୋଇଥିଲା।
ତାକୁ ଭୀଷଣ ଜ୍ୱର ସତ୍ତ୍ୱେ
ଦେଉଛନ୍ତି ଅନ୍ତିମ ବିଦାୟ।
ପବିତ୍ର କ୍ଷତ
କାଳ୍ପନିକ ପୂର୍ବପୁରୁଷ
ଓଦା ହେଉନଥିବା ତଣ୍ଟି

ଏକ ନିର୍ବାସିତ କିମ୍ବଦନ୍ତୀ
ପତ୍ର ଓ ଡାଳ ମଝିରେ
ଅତିକ୍ରମଣ ହେଉନଥିବା ସ୍ଥାନ
ଖଣ୍ଡେ ବି ଶିରା ପ୍ରଶିରା ନ ଥିବା
ଲାଭା ଉଦଗରିତ ପାହାଡ
ଏ ସବୁ ବ୍ୟବହାର କରି
ମନ୍ଦିର , ମସଜିଦ , ଗୀର୍ଜାର
ପବିତ୍ରତାକୁ ଜାଳି ପୋଡି
ଛାରଖାର କଲାପରେ
ମୁଁ ଚାଲେ ଏକ
ନୂଆ କ୍ଷତ ସନ୍ଧାନରେ ।
ଶାନ୍ତିର ମନ୍ଦିର ଖୋଜୁ ଖୋଜୁ
କ୍ଷତର ନୂଆ ନୂଆ
ପରିତ୍ୟକ୍ତ ଘରେ ପହଞ୍ଚେ
ସବୁ ଘରେ ଭୟଭୀତ ଲାଗେ
କାଳେ କେଉଁ କାନ୍ଥ ସନ୍ଧିରେ
ଈଶ୍ୱର ଲୁଚିକି ବସିଥିବେ କି !
ଏମିତି ବର୍ଷ, କାଳ, ମାସ ବୁଲିବୁଲି
ମୁଁ ପହଞ୍ଚେ ବରଫ ପାହାଡ ପାଖରେ
ପରାଜୟର ଶେଷ ପ୍ରହରରେ

ଏକ ବୃହତ୍ ବିପର୍ଯ୍ୟୟର
ମୁଖଶାଳା ପାଖରେ
ତା' ଭିତରେ ପ୍ରବେଶ ମାତ୍ରେ
ମୁଁ ଶହେ ଫୁଟ ମାଟି ଭିତରେ କି
କବରର ଅନ୍ଧକାର ଭିତରେ
କି ଅଚଳାଚଳ ସମୁଦ୍ର ଭିତରେ
ତା' ଠିକଣା ମତେ ଠିକ୍‌ରେ ବି ଜଣା ନାହିଁ ।
ମୁଁ ମୃତ ।

ଗୋଟିଏ ସପ୍ତାହର ଭିନ୍ନ ଭିନ୍ନ
ମୁହୂର୍ତ୍ତରେ ଯନ୍ତ୍ରଣାର ଅକର୍ମଣ୍ୟ
ଦୂରୁଭାଗ୍ୟ କୋଷ ସବୁ
ମନ ଭିତରେ ମରିକି ପଡ଼ିଲେ।
ସେମାନଙ୍କ ସତ୍କାର କେମିତି ହେବ ?
ପୋଡିକି, ପୋତିକି, ଭସେଇକି
ଏ ସବୁର ପ୍ରୟୋଜନ ତ ନାହିଁ।
ସେ ମଢଗୁଡିକ ପଡ଼ିରହନ୍ତି
ଦଶନ୍ଧିର ବେଦନାକୁ କୁଣ୍ଢେଇ
ତାଙ୍କ ଅନ୍ତିମ ସଂସ୍କାରର କୌଣସି
ପ୍ରକ୍ରିୟା ବି ସମ୍ଭବ ନାହିଁ।
ସେ କୋଷର ପୁରୁଣା ଶବ ସବୁ
ଆତଯାତ କରୁଥିବା ପ୍ରଶ୍ୱାସ
ବହୁଥିବା ବହଳିଆ ରକ୍ତ
ଖାଇ ଖାଇ, ପଚି ଶଢି
ଆଖପାଖର ବେଦନା କୋଷକୁ
କରନ୍ତି ଆହୁରି ଆହୁରି କ୍ଷତାକ୍ତ।

ମୃତ ଯନ୍ତ୍ରଣାର କୋଷ
ତିଳ ତର୍ପଣରୁ ବଂଚିତ
ଅନ୍ତିମ ସଂସ୍କାରରୁ ବଂଚିତ
ଘାଣ୍ଟି ହୁଅନ୍ତି ସେ ପର୍ଯ୍ୟନ୍ତ
ଯେ ପର୍ଯ୍ୟନ୍ତ ସମ୍ପୂର୍ଣ୍ଣ ଶରୀର
ସମର୍ପଣ କରିନି ମୃତ୍ୟୁ ଆଗରେ
ଯେ ଯାଏଁ ସବୁ କୋଷ
ଝାଡ଼ି ଝୁଡି ହୋଇ ସବୁଦିନ ପାଇଁ
ନିଘୋଡ ନିଦରେ ଶୋଇ ଯାଇନାହାଁନ୍ତି
ସେ ପର୍ଯ୍ୟନ୍ତ ପୀଡ଼ାର ମୃତ କୋଷ
ପରିତ୍ୟକ୍ତ ଶବ ଭଳି ପଡ଼ିରହିବେ

ମନର ଅଳିନ୍ଦ ନିଳୟରେ
ଆଖ-ପାଖର ଖୁସି ଥିବା କୋଷକୁ
ଖାଇ ଖାଇ ଯିବେ ଉଈ ଭଳିଆ
ଯନ୍ତ୍ରଣାର ଅନ୍ତ ତ ମୃତ୍ୟୁରେ ହିଁ।

ଈଶ୍ୱରଙ୍କ ସ୍ୱର କିଛି ନଥାଏ
କାନର ଅତି ସୂକ୍ଷ୍ମ ତନ୍ତ୍ରୀ ବି
ଶୁଣିପାରେନି କିଛି।
କିନ୍ତୁ ମୂକଥିବା
ନିର୍ଜୀବ ମୂର୍ତ୍ତି ଭଳି
ବହୁନଥିବା ପବନ ଭିତରେ
ଦିଶୁନଥିବା ନୀରବତା ଭିତରେ
ଗୁଣୁଗୁଣୁଉଥିବା ଶବ୍ଦକୁ
ଶୁଣିବାକୁ ଚେଷ୍ଟା କର ତ
ଅକସ୍ମାତ୍ ମୃତ୍ୟୁ ଭୋଗିଥିବା
ପାକଳ ଆତ୍ମାଗୁଡାକ
ତୁମକୁ ଠାରିକି
କିଛି ଚାହୁଁଛନ୍ତି କହିବାକୁ।

ସେମାନେ ଏଇ ଅନୁରୋଧ କରୁଛନ୍ତି
ତା'ଙ୍କ ସଅଳ ମୃତ୍ୟୁ ପାଇଁ
ଅନ୍ୟାୟ, ଅବିଚାରର
ଯେଉଁ ପତାକା ସବୁ ପୋତାହେଇଛି
ଦୃଢ ଭାବରେ
ତାହା ତାଙ୍କ ଆତ୍ମାମାନଙ୍କୁ
ଚାଲିବାର ଦୃଢ ବେଗକୁ
କରିଦେଉଛି ବହୁତ ଶୀଥିଳ
ଆଉ ଅନେକ ଜାଗାରେ
ଆତ୍ମାମାନେ ଝୁଣ୍ଟି ପଡୁଛନ୍ତି

ଅନ୍ୟାୟର ଅପବାଦ ଭିତରେ।

ସୃଷ୍ଟି ହେଇଥିବା ଶବ୍ଦମାନେ
ବିଦ୍ରୋହ କଲେ
ବୁଢିଆଣୀ ଜାଲ ଭିତରେ
ରୁନ୍ଧି ହେବାକୁ
ନବ ବିବାହିତ ମାନେ ଚିରକାଳ ନବବିବାହିତ ରହିବେ
ତେଣୁ ମୃତ୍ୟୁର ବଜ୍ରରେ
ପ୍ରହାର କରନି
ତାର ପ୍ରତିଧ୍ୱନି ମିଳେଇଯିବ
ଅନନ୍ତ ମହାଜଗତରେ।
ତାଙ୍କୁ ଜୀବନରେ ବାନ୍ଧି ରଖନି
ସେମାନେ ଜଡ ବନିଯିବେ
ସୂକ୍ଷ୍ମ ଭାବନାର
ତାଙ୍କୁ ରହିବାକୁ ଦିଅ
ନାଲି କଙ୍କଡାର ବାଲିରାଶି ଉପରେ
ଲୋଟି ହେଲା ଭଳି
ଯେ ପର୍ଯ୍ୟନ୍ତ ଜୀବନ ନିଜେ
ଛଅ-ସାତ ବୁନ୍ଦା ପାଣି ଛିଞ୍ଚିକି
ଫେରେଇନାହିଁ ଚେତା ମୃତ୍ୟୁର।

■

ଗେଣ୍ଡୁ ଫୁଲର ଶବ

ଗେଣ୍ଡୁ ଫୁଲ
ଗାଢ ନାରଙ୍ଗୀ, ଈଷତ୍ ହଳଦିଆ
ଯେବେ ବୃନ୍ତରୁ
ନିଜ ଶୈଶବ ସୁରକ୍ଷିତ କରି
ନବ କିଶଳୟର
ନବକଳେବର ହୋଇ
ଉପନୀତ ହୁଏ ନିଜ-ଯୌବନରେ
ସେ ଚାହେଁନି କି ମନ୍ଦ ପବନ
ମୌସୁମୀର ଲାଜକୁଳି ଲତାର ସ୍ପର୍ଶ
ଟାଣ-ନରମ ଖରାର
ସ୍ନେହଲେପାରେ ଯୌବନର ପ୍ରହର ସବୁ
କଟିଯାଆ'ନ୍ତା ଅଚିରେ
ଇଏ ସବୁ ଅତୀତ ହେଲା ବେଳେ
ପ୍ରସ୍ତୁତ ରୁହନ୍ତା ସେ ଝାଉଁଳା ଭବିଷ୍ୟତ ପାଇଁ
ଯେବେ ପାଖୁଡା ସବୁ ଜରାଜୀର୍ଣ୍ଣ ହୋଇ
ଝଡିପଡନ୍ତି ଆତ୍ମୀୟ ମାଟିର କୋଳରେ
ଏମିତି ଅପବାଦହୀନ ପ୍ରାକୃତିକ ମୃତ୍ୟୁ
କେଉଁ ଗେଣ୍ଡୁ ଫୁଲଟି ନ ଚାହେଁ।
କିନ୍ତୁ ତା'ର ଅପ୍ରତ୍ୟାଶିତ ହତ୍ୟା ହିଁ
ତାକୁ ପବିତ୍ର କରିବ
ଗଛରୁ ତା'କୁ ଛିଣ୍ଡେଇ ନେଲାବେଳେ

ତ’ ଶବଟି କେଉଁ ଈଶ୍ୱରଙ୍କ
ପବିତ୍ରତାରେ ସ୍ନାନ କରିବ
ସେ ସୂଚନା ଦିଏନି
ତୋଳିଥିବା ହତ୍ୟାକାରୀ।

କିଛି ମୃତ ଗେଣ୍ଡୁଫୁଲ ପହଞ୍ଚନ୍ତି
ଶକ୍ତିପୀଠ, ଜ୍ୟୋତିର୍ଲିଙ୍ଗ ମାନଙ୍କରେ
ଭିଡ ଜମାଇଥିବା ଚାଙ୍ଗୁଡି ଭିତରେ
ମୃତ ଗେଣ୍ଡୁର ମାଳା ଭିତରେ
ଜୀବନ୍ତ କାମନା, ମନୋରଥ ସବୁ
ଖୁନ୍ଦା ଖୁନ୍ଦି ହୋଇ ପଶିଯାଆନ୍ତି
ଈଶ୍ୱରଙ୍କୁ ଫୁସଫୁସ ହୋଇ
ଆତ୍ମଭିକ୍ଷା କରିବାକୁ।

ମୃତ ଫୁଲ କେଉଁ ନିସ୍ତବ୍ଧ ଶବ୍ଦରେ
ସେ ବାର୍ତ୍ତା ପ୍ରେରଣ କରେ
ନା ସେ ଗେଣ୍ଡୁର ପ୍ରେତ ମାନେ
ଈଶ୍ୱରଙ୍କୁ ମନୋକାମନାର
ଅଦୃଶ୍ୟ ଚିଠା ଦେଇଥା’ନ୍ତି
ସେ ଆସ୍ଥାର ଫନ୍ଦି ଫିକର ଭିତରେ
ଥିବା ଭଗ୍ନାଂଶ କେବେ
ଦେଇନଥାଏ ପୂର୍ଣ୍ଣସଂଖ୍ୟା; ପ୍ରଶ୍ନ ରହିଯାଏ
ସେମିତି ସଂଶୟିତ, ଅସମାହିତ।

ଅନ୍ୟ ଗେଣ୍ଡୁଫୁଲ କିଛି
ଲୋଟି ପଡନ୍ତି ସଜ ଶବ ପାଖରେ
ଭୂମିର ଥୁଆହୋଇଥିବା ଲୋକ ମୃତ
ତା’ ଉପରେ ବିଞ୍ଚି ହେଇଥିବା
ଧୌତ ଗେଣ୍ଡୁର ପାଖୁଡା ସବୁ ବି ମୃତ

ଉଭୟଙ୍କ ଆତ୍ମା ନିରାଶ ହୋଇ
ଅପେକ୍ଷା କରିଛନ୍ତି ହରିଶ୍ଚନ୍ଦ୍ର ଘାଟରେ
ରାମ ନାମ ସତ୍ୟ ହେ ସରିବା ଆଗରୁ
କରୁଛନ୍ତି କଥୋପକଥନ
ଭୂମି, ଜଳ, ବାୟୁ, ଅଗ୍ନି, ଆକାଶ ସହ।
ଜୁଇରେ ଶୋଇବା ଆଗରୁ
କିଛି ମୃତ ଗେଣ୍ଡୁର ପାଖୁଡା
ଏଣେତେଣେ ବିଞ୍ଚି ହେଇଗଲେ
ଖସଡା ପାହାଚରେ ତିନ୍ତିଥିବା
ପଥରର ଦେହ ଉପରେ।

ଯେମିତି ପୁରୁଣା ପାପ ଓ ଅହଙ୍କାର
ଫୁଲ ପାଖୁଡ଼ାରେ ଗୁଡ଼େଇ ତୁଡ଼େଇ
ଆତ୍ମହତ୍ୟା କଲେ
ଏହି ପୃଥିବୀର ଶରୀର ଉପରେ।
କିଛି ପାଖୁଡାର ଚିତାଗ୍ନି
ତଲ୍ଲୀନ ହୋଇଗଲା ଅନଳ ଭିତରେ।
କିଛି ଗଙ୍ଗାର ପବିତ୍ର ଧମନୀରେ
କିଛି ଜୀବାଶ୍ମର ପାଉଁଶ ଭିତରେ
କରିଦେଲେ ଆତ୍ମଗୋପନ
ଯେଉଁମାନଙ୍କ ଆତ୍ମା
ଏବେ ଯାଏଁ ବୋଲି ହୋଇଥିଲା
ମାୟାର ଅଠାରେ।

ମୃତ ଗେଣ୍ଡୁର ଅନିଚ୍ଛୁକ ମୃତ୍ୟୁ
ପଞ୍ଚଭୂତ ସହ ମିଶିଗଲା
ଭୁସ୍ ଭୁସ୍ ଧୂଆଁ ସନ୍ଧିରେ।
ମୃତ୍ୟୁର ଅସ୍ଥି-ପାଉଁଶ
ଜୀବନ ସହ ଅତି

ନିବିଡ ଭାବେ ପ୍ରେମ ସଂପର୍କ ବାନ୍ଧିଥିବା
ମଣିଷର ଶରୀର ସବୁ
ଯିଏ ସାତଜନ୍ମର ସହଚର ବୋଲି
ମିଥ୍ୟା ଅସ୍ଫାଳନ, ବୃଥା ପ୍ରତାରଣା ଦେଇ
ଅବିଶ୍ୱସ୍ତ ପ୍ରେମିକ ଭଳି ଦିନେ ଛାଡିଦବ।

ଜୀବନ ଆଉ ମୃତ୍ୟୁର ମଝିରେ
ଦିକ୍ ଦିକ୍ ଜଳୁଥିବା ଚିତାଭସ୍ମ
ପୋଡା ଧୂଆଁରେ କଳା ପଡିଥିବା କାନ୍ଥ
କାଦୁଆ ମାଟି
ଅର୍ଦ୍ଧ ଭସ୍ମୀଭୂତ କାଠଖଣ୍ଡ
ଜଳିନଥିବା କର୍ପୁର ଖଣ୍ଡ
ଶ୍ୱାନଙ୍କ ନିରନ୍ତର ବିଚରଣ ମଧ୍ୟରେ
ଆତ୍ମାମାନେ ଅନ୍ତିମ ପ୍ରସ୍ତୁତି କରନ୍ତି
ମୋହତ୍ୟାଗ କରିବାକୁ ଜୀର୍ଣ୍ଣ ଶରୀରର।

ଶୃଙ୍ଖଳା କାଠବିଡ଼ାର ମରଣ

ଅସମାନ କାଠଗଣ୍ଡି ସବୁ
ଭଳିକି-ଭଳି
ମୋଟା, ପତଳା, କୁଜା
ସରୁଆ, ବଳୁଆ
ବଙ୍କା, ତେଢ଼ା, ସିଧା
ପାକଳ, ଛାଲି ଛାଲି ବାଲା
ଇଏ ସବୁ ଗଦା ହେଇଛନ୍ତି
ଅସଜଡ଼ା ବହିଥାକ ଭଳି।
କ'ଣ ଏମାନେ ବଣଭୋଜିକୁ ଯିବେ
ନା ସତ୍ୟନାରାୟଣ ପୂଜାର
ପବିତ୍ର ଆହୁତି ପାଇଁ ଜଳି-ପୋଡ଼ିଯିବେ
ନା କୋଉ ଘରର
ଥାକ, ମୌଜା କି ଚୌକିର ନିର୍ମାଣରେ ଲାଗିବେ ?

ନା ନା ଏ ସବୁ କାଠର ଗଦା
ତା' ଠାରୁ ବି ଆହୁରି ପୁଣ୍ୟ
କାର୍ଯ୍ୟ ପାଇଁ ଚୟନିତ।
ତାଙ୍କର ପ୍ରତ୍ୟେକ କଣିକା
ଭସ୍ମ ହେବା ସହ
ଗୋଟେ ଅସ୍ତିତ୍ୱର ସବୁ
ଭୌତିକତା ଛାରଖାର ହେଇଯିବ

ସେ କାଠର ଭସ୍ମ ସହ
ଅନେକ ଗୁଣ୍ଠ ଜମିର ରୟତ
ନିରଙ୍କରୀ ସାଧୁ
ପାପିଷ୍ଠ ହତ୍ୟାକାରୀ
ଅହମିକାର ଚିର କୁମାର
ସଭିଏଁ ହେବେ ଧରାଶାୟୀ ।

ଏତେ ଭିନ୍ନ ଭିନ୍ନ ଆକାରର କାଠ
ଭିନ୍ନ ଭିନ୍ନ କଥୋପକଥନ କରୁଥିବା
ଭିନ୍ନ ଭିନ୍ନ ପାପ-ପୂଣ୍ୟ କରୁଥିବା
ମଣିଷ ମାନଙ୍କୁ
ଏକାପ୍ରକାର ଚିତାରେ ହିଁ
ଆତ୍ମା ମାନଙ୍କୁ ଗାଢ ନିଦରୁ ଉଠାଇନିଏ
ସେ ଶରୀର ପରିତ୍ୟାଗ କରିବାପାଇଁ
ସମସ୍ତେ ତଲ୍ଲୀନ ।

କେବଳ ପଞ୍ଚଭୂତ ଭିତରେ
ହୁଅନ୍ତିନି ଶରୀର ଲୀନ
ପଞ୍ଚଭୂତ ସହ ମୃତ ଫୁଲର ପାଖୁଡା
ନିର୍ଜୀବ କାଠର ଗଣ୍ଡି ସହ ବି
ଶରୀର ହୋଇଯାଏ ଲୀନ
ସେମାନେ ବି ତ ଦୁଇଟି ଅତିରିକ୍ତ ଭୂତ
ଆତ୍ମା କ'ଣ କେବେ ପ୍ରତ୍ୟାଖ୍ୟାନ କରିବ
ପାଉଁଶ ପାଲଟୁଥିବା କାଠଗଣ୍ଡି
ଭସ୍ମ ହେଉଥିବା ଫୁଲର ପାଖୁଡ଼ାକୁ
ସମର୍ପିତ କୃତଜ୍ଞତା ଜଣାଇବାକୁ ।
ସମସ୍ତେ ଲୀନ ହେଲାପରେ
ପାଉଁଶର ଅବଶିଷ୍ଟାଂଶକୁ
କୋଳେଇ ନିଏ ପବିତ୍ର ଗଙ୍ଗା

ବାଉଁଶ ଖେଂଚା ଖେଂଚି କରୁଥିବା
ଚୌଧୁରୀଙ୍କ ସହାୟତାରେ
ସେ ସମୂହ ଜୀବାଂଶ ତର୍ପଣରେ
ରୂପା ମୁଦି କି ସୁନା ମୁଦି
ହୁଏତ ମିଳିପାରେ
ସେ କ୍ଷୁଦ୍ର ଗହଣା କ'ଣ
ତର୍ପଣ ହୁଏ କି
ନା ଜୀବାସ୍ଥି ହୁଏ
ସେ ପା ଧନ, ମୋହ, ଆସକ୍ତି
ସେ ଫେରିଯାଏ ପୁଣି
ସଶ୍ରଦ୍ଧ ଇହଧାମକୁ
ଆଉ କେଉଁ ଜୀବନ୍ତ ଆସକ୍ତିର
ସ୍ମୃତିଚିହ୍ନ ହେବାକୁ ।

ଛେଳିର ନିହତ ଅଭିଳାଷ

କାଠଗଣ୍ଡି ସବୁ ଗଦା ହେଲା ପରେ
ନିରୀହ ଛେଳି ଦୁଇଟି
ତା' ଉପରେ ଚଢି
ଅନ୍ୟମନସ୍କ ଭାବେ ଖୋଜୁଛନ୍ତି କିଛି।
କାହିଁ ସେ କାଠ ସନ୍ଧିରେ କିଛି ବି ତ
ପତ୍ରଟେ ଲାଗିନି ଯେ
ତା'କୁ ଖାଇବାକୁ ସେମାନେ ହେବେ ଆଗଭର।
ଏମିତି କାଇଁ ଲାଗୁଛି ଯେମିତି
ତା'ଙ୍କ ନିରୀହତା ଅସହାୟତାର
ଚମଡା ପିନ୍ଧି
ତାଙ୍କ ମୁଖମଣ୍ଡଳ ସାରା ଘିମିରି ପରି
ପରିବ୍ୟାପ୍ତ ହୋଇଛି।

କିଛି ସମୟ ବିଚରଣ ପରେ
ପଳେଇଲେ ସେମାନେ।
କି ଭୀଷଣ ଅସହାୟତା।
ସେତିକି କାଠ ବି ତାଙ୍କର
ଅଭାଜିତ ମୃତ୍ୟୁରେ ମିଳିବନି
ନା ତାଙ୍କୁ ମିଳିବ ଚିତାଭସ୍ମ ବା
ଦାହ-ସଂସ୍କାରର ଗୌରବମୟ ବିଦାୟ।

ସେମାନଙ୍କ ମୃତ୍ୟୁର ଆକସ୍ମିକତା
ଲାଖି ହୋଇଯିବ
କଟୁରୀର ଧାରୁଆ ଲୁହାର
ରକ୍ତ-ପିପାସୁ କଳା ଚେହେରାରେ
ତା'ଙ୍କ ମୃତ ଶରୀର
କେଉଁ ମଣିଷର ଭକ୍ଷଣରେ ସମ୍ମାନ ପାଇବ
ତା'ଙ୍କ ପାଇଁ ଅନ୍ତିମ ପାଉଁଶ
ମଣିଷର ମଳ
ଯାହାକୁ ଆଉ ଏକ ଅଜଣା ଶ୍ୱାନ
ଭକ୍ଷଣ କରିବ।

ଅତି ବିକଳ ଭାବେ
ଛେଳି ଦୁଇଟି ପ୍ରଦିକ୍ଷଣ କରୁଥିଲେ
ଲଦା ଲଦି ହୋଇଥିବା
କାଠଖଣ୍ଡ ଗୁଡିକ ଉପରେ
ମୃତ୍ୟୁ ପରେ ଚିତାଭସ୍ମ ନାଇଁ ତ
ଭୂମିରେ ସବୁଦିନ ପାଇଁ ଶାୟିତ
ହେବାର ତ ଅଧିକାର ରଖେନା
ତାଙ୍କର ଶବ
ନା କେବଳ ମଣିଷର ଅସ୍ତିତ୍ୱ
ମିଶେ ପଂଚଭୂତ ସହ
ଆଉ ସେମାନେ କ'ଣ
ନିରୀହତାର ଜୀବନ୍ତ ପ୍ରତିବିମ୍ବ ଧରି
ପଞ୍ଚଭୂତଙ୍କ ଜାରଜ ସନ୍ତାନ ?

ଏଇ ଭୌତିକ-ଅତିଭୌତିକ
ପ୍ରଶ୍ନ ଶୈଶବରୁ ଯୁଆନ୍ ହେବା ଆଗରୁ
ଛେଳି ଦୁଇଟି ଅନ୍ତର୍ଧାନ ହେଇଯା'ନ୍ତି

ତା'ଙ୍କ ଅସହାୟ ବର୍ତ୍ତମାନ ଭିତରକୁ
ତା' ବିଶ୍ୱାସଘାତୀ ପାଳକ ପାଖକୁ
ତା' ହତ୍ୟାକାରୀ ପାଖକୁ।

ହେ ମୃତ୍ୟୁ !
ଯେବେ ଆସିବୁ
ମୋ ଚମକୁ ଜୀର୍ଣ୍ଣତା ଦେଇ
ପ୍ରସନ୍ନମୁଖା, ପ୍ରସନ୍ନମୁଖା।

ହେ ମୃତ୍ୟୁ !
ଯେବେ ଶୁଣିବୁ
ମୋ ଜିହ୍ୱାର ଶେଷ ଚିତ୍କାର
ନିର୍ଭୟମୁଖା, ନିର୍ଭୟମୁଖା।

ହେ ମୃତ୍ୟୁ !
ଯେବେ ଶୋଷିବୁ
ମୋ ଧମନୀର ଅନ୍ତିମ ରକ୍ତବିନ୍ଦୁ
ଅବିଚଳମୁଖା, ଅବିଚଳମୁଖା।

ହେ ମୃତ୍ୟୁ !
ଯେବେ ଆଦେଶ ଦେବୁ
ପ୍ରଶ୍ୱାସକୁ ଦେହତ୍ୟାଗ କରିବାକୁ
ନିର୍ବିକାର ମୁଖା, ନିର୍ବିକାର ମୁଖା।

ହେ ମୃତ୍ୟୁ !
ଯେବେ ପଚାଇ ଦବୁ
ଶରୀରର ରକ୍ତ-ମାଂସ-ହାଡ, ତଥାପି
ସୁନ୍ଦରମୁଖା, ସୁନ୍ଦରମୁଖା।

ହେ ମୃତ୍ୟୁ !
ଯେବେ ଶୁଆଇଦବୁ
ଅଗ୍ନିଶଯ୍ୟାର କାଠଉପରେ
ପରମାତ୍ମା ମୁଖା, ପରମାତ୍ମା ମୁଖା ।

 ହେ ମୃତ୍ୟୁ !
ଯେବେ ପାଉଁଶକୁ ଦେବୁ
ଶେଷ ପ୍ରଣାମ
ମୁକ୍ତି ମୁଖା, ମୁକ୍ତି ମୁଖା ।

ଆତ୍ମାର ପରିଭ୍ରମଣ

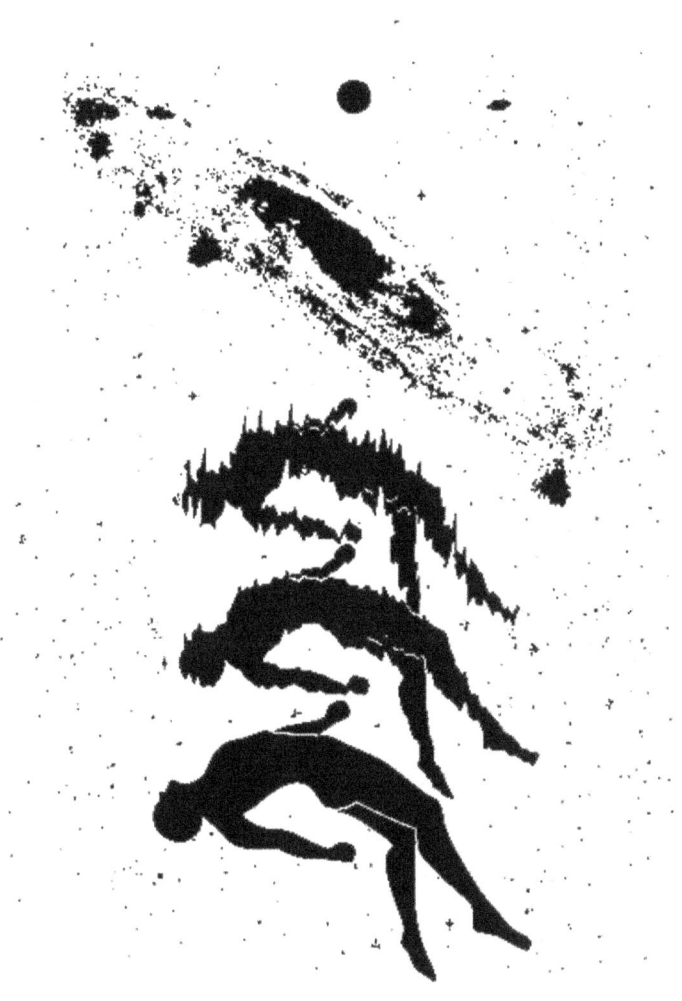

ନା ସ୍ୱର୍ଗ ନା ଆରୁ

ବାହାନଗା, ଏରସମା, ଦଳେଇ ଘାଇ
ମିନିଟିଏ ରହିଯିବା ....
ଏକାଥରେ ଏତେ ସବୁ ଯନ୍ତ୍ରଣାର ଉଚ୍ଚାରଣ
ଶୁଖେଇ ଦେଇପାରେ
ଅସ୍ଥି ଭିତରର ଶଶକୁ
ଏରସମାର ଅସ୍ଫଟିକ ବାଲି ଉପରେ
ଗୁରୁଣ୍ଡୁ ଥିବା
ମହାବାତ୍ୟାର ଅସହାୟ ଆତ୍ମା
ଦଳେଇ ଘାଇର ବେଲୁନ ଫୁଲା
ପାଣି ଭିତରେ
ନିସ୍ତେଜ ଭାବେ ସନ୍ତରଣ କରୁଥିବା
ଶବ ମାନଙ୍କର ଅଣନିଃଶ୍ୱାସୀ ଆତ୍ମା
ବାହାନଗାର ରେଳ ଧାରଣାରେ
ଶୁଖିଲା ରକ୍ତ ପୋଛାପୋଛି କରି
ପାଦ ବଢଉଥିବା ଆତ୍ମା
ଏ ସମସ୍ତେ କଥୋପକଥନ କରୁଥିଲେ
କେଉଁ ସ୍ଥାନକୁ ଯିବା
ସ୍ୱର୍ଗ ? ଆରୁ ? ଟ୍ଲାଲୋକାନ ?
ତିନି ସ୍ଥାନର ସୁସଜ୍ଜିତ ପ୍ରତିନିଧି
ଅକ୍ରୁର ଆଣିଥିବା ଦିବ୍ୟ ରଥ ଭଳି
ଧାଡିକି ଧାଡ଼ି ହୋଇଥିଲେ ଠିଆ

ଆତ୍ମା ସବୁଙ୍କ ଅନତି ଦୂରରେ
ସବୁ ସ୍ଥାନର ଭିନ୍ନ ଭିନ୍ନ ଚିଠା ।

ସ୍ୱର୍ଗର ଚିଠାରେ
କିଛି ଆତ୍ମାଙ୍କ ନାଁ ବି ଥିଲା
ଆଉ କିଛିଙ୍କ ନଥିଲା
ତାଲିକାରେ ନାଆଁ !
କିଛି ଫର୍ଦ୍ଦ ହଜିଯାଇଛି କି
ମହାଜଗତରୁ ଅବତରଣ ବେଳେ
କିଛି କାଗଜ ଏପଟସେପଟ ହୋଇ
ଅର୍ଦ୍ଧାଧିକ ଆତ୍ମାର ତାଲିକାଟି
ପଡିଯାଇଛି କି କଳିଙ୍ଗ ସାଗର ଭିତରେ
ନା ହଜିଯାଇଛି ତପ୍ତପାଣି
ଉଷ୍ଣପ୍ରସ୍ରବଣର ତତଲାପାଣିରେ ।
ସ୍ୱର୍ଗ ଦୁତ କହିଲା
ଏତିକି ହିଁ ଚିଠା ।
ଏତିକି ତାଲିକାଭୁକ୍ତ ଆତ୍ମାଙ୍କ
ଟିକେଟ୍ ସସମ୍ମାନ ଯିବ
ସ୍ୱର୍ଗପୁରକୁ ।
ବାକି ଆତ୍ମାଙ୍କର ହେବ ହିସାବ-ନିକାଶ
ପୁରୁଣା ଜନ୍ମର କର୍ମ କାଣ୍ଡ
ତଉଲା ହେବ ନିକିତି ଉପରେ
ସେମାନେ ପୋକ ହେବେ କି ଭାଲୁ ହେବେ
ତା'ର କାଠଗଡ଼ାରେ ହେବ
ତୀବ୍ର ଆଲୋଚନା-ପର୍ଯ୍ୟାଲୋଚନା
ବିଭତ୍ସ ମୃତ୍ୟୁ ଅନ୍ତିମ ପ୍ରାୟଶ୍ଚିତ ନୁହେଁ
ସେତ ଖାଲି ବଞ୍ଚାଇଲା ନର୍କ କୁଣ୍ଡରୁ
ତାହା ସ୍ୱର୍ଗର ଟିକେଟ ନୁହେଁ
ତା' ପାଇଁ ଲଢ଼ିବାକୁ ହେବ

ଧର୍ମକ୍ଷେତ୍ରର ଅଦାଲତରେ
ତା'ର ଅନ୍ତିମ ଫଇସଲାରେ
କିଛି ଆତ୍ମା ସସମ୍ମାନେ ଯିବେ ସ୍ୱର୍ଗକୁ
ଆଉ କିଛି ଆତ୍ମପ୍ରକାଶ କରିବେ
ଯନ୍ତ୍ରଣାର ଜୀବନ ଭିତରେ
ଗଛପତ୍ର କି କୀଟପତଙ୍ଗ ଭାବେ।

ଆଉ ଏକ ସୁସଜ୍ଜିତ ରଥ ଆସିଥିଲା
ଆରୁରୁ
ତା' ସହ ଥିଲେ ସ୍ମିତହାସ୍ୟ ଦେଉଥିବା
ଛୋଟ ବଡ ଓଟପକ୍ଷୀ କିଛି
ଆଉ ଧୂଷର ରଙ୍ଗର କିଛି ଡେଣା
ଆତ୍ମା ମାନେ ଚମକି ପଡ଼ିଲେ
ଆଚମ୍ଭିତ ହେଲେ ଏ ଦୃଶ୍ୟ ଦେଖି
ଖେଳିଗଲା ସଂଶୟର ଉତ୍କଟ ଅତର।

ଆରୁର ଦୁତ କହିଲା
ଏହି ଓଟପକ୍ଷୀର ଡେଣା
ଏଇ ନ୍ୟାୟର ନିକିତି
ତଉଲେଇବ ଆତ୍ମା ମାନଙ୍କ ପବିତ୍ରତା।
ଯିଏ ତଉଲେଇ ହେଇଗଲେ
ସେମାନେ ଯିବେ ଆଉ ଏକ
ପଥୁରିଆ, କଣ୍ଟକିତ ଯାତ୍ରାରେ
ସେ ଦୁର୍ବିସହତାର ଅତିକ୍ରମ ପରେ
ମହାର୍ଘ ଶାନ୍ତିର ଉପଭୁମି
ଆରୁ।

ସ୍ୱର୍ଗ ଓ ଆରୁର ପ୍ରତିବେଦନ
ବୁଡେଇଦେଲା ଏରସମାର ଆତ୍ମାଙ୍କୁ

ବାହାନଗାର ଆତ୍ମାଙ୍କୁ
କ୍ଷୋଭସିକ୍ତ ପ୍ରତିଭାସ ଭିତରକୁ
ଇଏ କରାଳ ମୃତ୍ୟୁ
ଇଏ ଚିତ୍କାରର ତୂର୍ଯ୍ୟନାଦ
ଇଏ ଯନ୍ତ୍ରଣାର ବିଭୀଷିକା
ଇଏ ଅସ୍ତିତ୍ୱର ମହାତ୍ୟାଗ ପରେ ବି
ଆହୁରି ପରୀକ୍ଷା ? ଆହୁରି ପ୍ରତୀକ୍ଷା ?
ଆଉ ଏକ ଅଦାଲତ !
ଆହୁରି ଏକ ନ୍ୟାୟମୂର୍ତ୍ତି ? ମୁଦାଲା ? ସାକ୍ଷୀ।
ଏଇ ଅସମଞ୍ଜସ ଭିତରେ
ଓହ୍ଲାଇ ଆସେ ଟ୍ଲୋକାନର
ଦେବଦୂତ।

ଉଷୁମ ଲୁହ ଆକାଶର ଆଖି ଡୋଳା ଚିରି
ମାଟିରେ ପଡିଲା ଭଳି
ତା' ଆଖିରୁ ଝରେ ଧାର ଧାର ଲୁହ।
ମହାବାତ୍ୟାର ଭୟଙ୍କର ଯନ୍ତ୍ରଣାରେ
ବାହାନଗାର ବୀଭତ୍ସତାରେ
ଟ୍ଲୋକାନର ଦେବଦୂତ ତ୍ରସ୍ତ, ସ୍ତବ୍ଧ।
ସେ କୁଣ୍ଢେଇ ପକାଇଲା ସମସ୍ତ ଆତ୍ମାଙ୍କୁ
ମୃତ୍ୟୁ ହିଁ ଅନ୍ତିମ ପ୍ରାୟଶ୍ଚିତ
ତା' ହାତରେ ନିକିତି କିଛି ନଥିଲା
ଆମନ୍ତ୍ରଣ କଲା ସବୁ ଆତ୍ମାଙ୍କୁ
ଯନ୍ତ୍ରଣାର ମୁଖଶାଳାରୁ ମୁକ୍ତ ହୋଇ
ଚିର ବସନ୍ତର ଉପତ୍ୟକା ଟ୍ଲୋକାନକୁ
ସେଠି ଆଲେପୋ ଭୂକଂପର
ଦଗ୍ଧ ଆତ୍ମା, ଜାମ୍ବିଆର ଗର୍ଭପାତପରେ
ଅସୀମ ଯନ୍ତ୍ରଣା ସହ ମୃତ୍ୟୁବରଣ କରିଥିବା
ବୀର ମହିଳାର ଆତ୍ମା

ଏ ସମସ୍ତେ ଘିଅ, ଧୂପ, କର୍ପୁର ସହ
କରିଛନ୍ତି ଅପେକ୍ଷା ଏମାନଙ୍କର ।
ଏ ସବୁ ଆତ୍ମା ହେଲେ ଆଶ୍ୱସ୍ତ
କ୍ଷମା ଯାଚିଲେ ଆରୁ ଓ ସ୍ୱର୍ଗର
ଦେବଦୂତ ମାନଙ୍କୁ
ଚାଲିଗଲେ ଗ୍ଲୋକାନର
ଚିର ବସନ୍ତ ଉପତ୍ୟକା
ଯେଉଁଠି କରାଳ ମୃତ୍ୟୁର ପ୍ରାୟଶ୍ଚିତ
ଧୋଇଦିଏ ଯନ୍ତ୍ରଣାର
ଅସନା କାଗଜ, କପଡ଼ା ସବୁକୁ
ଯେଉଁଠି ମୃତ୍ୟୁର
ବେଦନାସିକ୍ତ ପ୍ରାୟଶ୍ଚିତରେ
ଧୋଇଯାଏ ସକଳ ଅସୂୟା, ଅପକର୍ମ
ଯେଉଁଠି ବିଭତ୍ସ ମୃତ୍ୟୁ ହିଁ ନିଜେ ନିକିତି
ଗ୍ଲୋକାନ୍ ର ଶ୍ୟାମଳ ପରିପାଟୀରେ
ସବୁ ପୁରୁଣା ଯନ୍ତ୍ରଣା ଧୋଇହେଇଗଲା
କୁହୁକ ଜଳରେ କ୍ଷତ ଧୋଇହେଲାପରି
ଏଇଠି କି ଅନନ୍ୟ ଶାନ୍ତି ।

ବୃଦ୍ଧ ମହାତ୍ମା ମାନେ ଯାଆନ୍ତୁ
ସ୍ୱର୍ଗକୁ, ଆରୁକୁ
ତ୍ୟାଗପୂତ ଜୀବନର ମହାମନ୍ତ୍ର ଗାଇ
ସେମାନେ ଅଚିରେ ଯିବେ
ସ୍ୱର୍ଗକୁ, ଆରୁକୁ
ନିଷ୍କାମ କର୍ମ, ସହାନୁଭୂତିର
ପୁଞ୍ଜିଭୂତ କର୍ମଫଳ ନେଇ
ସେମାନେ ଅନାୟାସରେ
ଯିବେ ସ୍ୱର୍ଗକୁ, ଆରୁକୁ ।

ଏ ଯନ୍ତ୍ରଣାରେ ଦଗ୍ଧ ମୃତକଙ୍କ
ଆତ୍ମାକୁ ନିସ୍ତାର ଦିଅ
ଚିତ୍କାର ସବୁ ଆକାଶରେ
ବାଡ୍ରେଇ ହେଇ ଫେରିଲାଣି
ରକ୍ତ ସବୁ ଫିକା ଦାଗରେ
ଆତ୍ମବିସ୍ମୃତ ହେଲାଣି
ବାହାନଗାର, ଏରସମାର, ଦଳେଇ ଘାଇର
ଆତ୍ମାଙ୍କୁ ଛାଡ଼ିଦିଅ ଟ୍ଳୋକାନ୍
ତାଙ୍କୁ ନିଜ ମାର୍ଗ ବାଛିବାକୁ ଦିଅ
ତାଙ୍କ ମୃତ୍ୟୁ ହିଁ ଅନନ୍ୟ ପ୍ରାୟଶ୍ଚିତ
ସେମାନେ ଯିବେନି
ସ୍ୱର୍ଗକୁ କି ଆାରୁକୁ।

ନୀରବତାର ମିନାର

ସବୁ ଆତ୍ମା କଣ ଚାହାଁନ୍ତି
ସ୍ୱର୍ଗକୁ ଯିବାକୁ , ଆଉକୁ ଯିବାକୁ ?
ସମସ୍ତେ କଣ ତୁରନ୍ତ ପରିତ୍ୟାଗ
କରନ୍ତି ଗନ୍ଧ ହେଉଥିବା
ଅପବିତ୍ର ଶରୀର ଟିକୁ ?
ସବୁ ଆତ୍ମା କଣ ଚାହାଁନ୍ତି
ପଞ୍ଚଭୂତଙ୍କ ପ୍ରତ୍ୟକ୍ଷ ସାକ୍ଷରେ
ପୁନର୍ଜନ୍ମ ପାଇବାକୁ ?
ସବୁ ଶରୀର କଣ
ପୋଡିକି ଭସ୍ମୀଭୂତ ହେବାକୁ
ଶ୍ରେୟସ୍କର ଭାବନ୍ତି ନା
ମାଟିର ଅଣନିଃଶ୍ୱାସୀ ବୋଝରେ
ବିଘଟନ ଘଟେଇ
ଚାହାଁନ୍ତି ଚିରକାଳ ଭସ୍ମୀଭୂତ ହେବାକୁ !?

କିଛି ଆତ୍ମା ଚାହିଁଲେ ନୀରବତା
ଶରୀରଠୁ ବିଚ୍ଛେଦ ବେଳରେ
କିଛି ପ୍ରହରର ଏକାନ୍ତପଣ
ନିଜ ଯନ୍ତ୍ରଣାଶିକ୍ତ ଖୋଳପାର
ବିଗଳିତ ସ୍ମୃତି ପାଖେ କଇଁ କଇଁ
କାନ୍ଦିବାକୁ

ନୀରବତାର ମିନାର ଚଟାଣରେ।

ସେଠି ସୂର୍ଯ୍ୟର ତେଜ ବଡ ପ୍ରଖର
ମୃତ ମାଂସକୁ ବିଘଟିତ କରାଏ
ଜୀର୍ଣ୍ଣତା ଆଡକୁ
ଛଞ୍ଚାଣ ସବୁ ହାଉଯାଉ ହୁଅନ୍ତି
ଏତେ ଅମୂଲ୍ୟ ଭକ୍ଷଣ ଦେଖି
ଅନ୍ତିମ ରାତ୍ରିଭୋଜନ ପରେ
ଚିରନିଦ୍ରାରେ ଥିବା ଅସ୍ତିତ୍ୱ ହୁଏ
ବୃଦ୍ଧ ଛଞ୍ଚାଣର ଭବ୍ୟ ଆହାର।
ଆତ୍ମା ଇତଃସ୍ତତଃ ହେଇ
ପ୍ରଦିକ୍ଷଣ କରେ ଦିଗନ୍ତ ବିସ୍ତାରୀ
କାନନ-କାନ୍ତାରର ଦିଗ ଦିଗ।
ଅବର୍ତ୍ତମାନ ଏବଂ ଅନତୀତର
ବୁଢିଆଣୀ ଜାଲ ଭିତରେ
ଘୂରିବୁଲୁଥିବା ଆତ୍ମା
ଖୋଜୁଥାଏ ଯାଦୁକରୀ ସୁଡଙ୍ଗ ଭବିଷ୍ୟତର।
ଅସାମଞ୍ଜସ୍ୟ ଭାବେ ବୁଲୁବୁଲୁ
ଡାଏନା ଦେଖାଦିଏ ଏକ
କୁହୁକ ସ୍ପର୍ଶ ସହ
ନିଜ ବିବେକର ଅବତାରୀ ରୂପରେ
ଚମକୃତ ଆତ୍ମା ଶିଥିଳ
ପଡ଼ିଯାଏ କ୍ଷଣିକ ପାଇଁ।
ଅନେକ ଅଭିପ୍ରାୟ ବିହୀନ
ସମୟର ବନ୍ଧୁର ମାଳଭୂମିରେ
ଚଢି ଚଢି ଆତ୍ମା ପହଞ୍ଚେ
ଚିନ୍ ଭାଦ୍ ସେତୁର ଆରମ୍ଭରେ।
କି ଅଦଭୂତ, ଆଶ୍ଚର୍ଯ୍ୟଜନକ ସେତୁ
ଆକାର ଆଉ ନିରାକାର

ମଝିମଝିଆ ସ୍ୱରୂପ
ସର୍ବୋଚ୍ଚ ନ୍ୟାୟର ଦିବ୍ୟ ସେତୁ
ଅପେକ୍ଷା କରିଛି ତା'ର
ପରବର୍ତ୍ତୀ ନ୍ୟାୟ ଭିକ୍ଷୁକକୁ।
ଇଏ ଆତ୍ମାର ବିବେକ କୋଷ ସବୁ
ଆଶଙ୍କା ଓ ଭୟରେ ଜୁଡୁବୁଡୁ
ଫାଟି ପଡୁଛି ଅନିଶ୍ଚିତତାରେ
ତା' ମୃତ ଖୋଳପାର ଭଗ୍ନାବଶେଷରେ
ପଞ୍ଚଭୂତକୁ ଅପବିତ୍ର ନ କରିବାକୁ
ତା'କୁ କଲା ନାହିଁ ଚିତାରେ ଭସ୍ମୀଭୂତ
କିମ୍ବା ଗିଳିବାକୁ ଦେଲାନି ମାଟିକୁ
ବରଞ୍ଚ ଶାଗୁଣାର ଭବ୍ୟ ଆହାର ଭାବେ
ସମର୍ପଣ କରିଦେଲା ତା' ପୂର୍ବବର୍ତ୍ତୀ ଜୀବାତ୍ମାକୁ।

ଚିନ୍ ଭାତ୍ ସେତୁର ଦୈର୍ଘ୍ୟ ଓ ପ୍ରସ୍ଥ
ନିର୍ଣ୍ଣିତ କି ସ୍ଥାବର ନୁହେଁ
ପୂଣ୍ୟର ମଧୁ ରସରେ ସ୍ନାନ କରିଥିବା
ଭୌତିକ ଆୟୁଷର ଆତ୍ମା
ଚାଲିଯାଏ ପ୍ରଶସ୍ତ ପଥରେ
ଆଲିଙ୍ଗନ କରୁଥିବା
ସେତୁର ଛାତି ଉପରେ।
ପାପର ବିଷ ସୁରେଇ ଭରି
ସେତୁର ଛାତି ଉପରେ ଗଲେ
ତାର ପ୍ରସ୍ଥ ହୁଏ ସଙ୍କୁଚିତ ଓ
ସେ ଆତ୍ମା ପଡ଼ିଯାଏ ଉପତ୍ୟକାରେ ମିଥ୍ୟାର
ଯେଉଁଠି ଯନ୍ତ୍ରଣା ପାଲଟେ ପ୍ରାୟଶ୍ଚିତ
ନଶ୍ୱର ଶରୀର କୃତ ଅପକର୍ମର।

ଇଏ ଆତ୍ମା ପାଦ ବଢାଇଲା ଥିରିକିନା
ସୁରୁଷା, ମିତ୍ରା, ରସ୍ନୁ
ସାନ୍ତ୍ୱନା ଦେଲେ ଏକ ମହାର୍ଘ ଯାତ୍ରାର
ସୁରୁଷାର ହାତ ଧରି ଚାଲିଲାବେଳେ
ପ୍ରଶସ୍ତ ହୋଇଗଲା ସେତୁ
କଳିରୁ ବ୍ରହ୍ମକମଳ ପ୍ରଶସ୍ତ ହେଲା ଭଳି।
ପବିତ୍ର ଚେତନାର ଦ୍ୱାର
ପବିତ୍ର ଶବ୍ଦର ଦ୍ୱାର
ପବିତ୍ର କର୍ମର ଦ୍ୱାର
ସବୁ ଅତିକ୍ରମ କରି ଆତ୍ମା
ପହଞ୍ଚିଲା ଏକ ଅନନ୍ୟ ଉଜ୍ଜ୍ୱଳତାରେ
ଯେଉଁଠି ପ୍ରତ୍ୟେକ ଆଖିମିଟିକାରେ
ଦିଶୁଥିଲେ ରାମ, ଯୀଶୁ, ମହମ୍ମଦ
ବ୍ରହ୍ମା, ବିଷ୍ଣୁ, ଆହୁରା ମଜଦା, ମିତ୍ରା
ଆଉ ଆଖି ବନ୍ଦ କରିଦେଲେ
ନିରାକାର ପରମବ୍ରହ୍ମ।

ଏତେମୁର ଯାତ୍ରା

ଆଜି ବି କଣ କିଛି ଲୋକ
ଚିରକାଳ ଅମର ହେବାକୁ ଚାହାଁନ୍ତି
ଅନେକ ତ ପ୍ରତି ମୁହୂର୍ତ୍ତର ମୃତ୍ୟୁରେ
ଭିନ୍ନ ଭିନ୍ନ ଯନ୍ତ୍ରଣାକୁ ହତ୍ୟାକାରୀ ସଜେଇ
କରନ୍ତି ସେମାନଙ୍କର ଧିକ୍କାର, କୁତ୍ସାରଟନା
ଏବେବି ରାଜା ଗିଲ ଗାମେଶଙ୍କ
ଅପୂର୍ଣ୍ଣ ସ୍ୱପ୍ନର ପୂର୍ତ୍ତି କରିବାକୁ
ପୂଜା କରନ୍ତି ଇସ୍ତର୍ ଦେବୀକୁ ?

ହୁଏତ ମୋତେ ଦରକାର ନାହିଁ
ସ୍ୱର୍ଗର ଅପାର ଆନନ୍ଦ
ବିଷାଦମୁକ୍ତ ଉପତ୍ୟକା
ମୃତ୍ୟୁ ପରେ ଏମିତି ଏକଲୋକ
ଯେଉଁଠି ଯନ୍ତ୍ରଣାର
ଅଳ୍ପ ଅଳ୍ପ ଛିଟା ସିକ୍ତ କରିଥିବ
ମାଟିକୁ, କାନ୍ଥର ପଲସ୍ତରା ସବୁକୁ।

ବେଳେବେଳେ ଭାବେ ଯଦି
ସ୍ୱର୍ଗ ସଂପୂର୍ଣ୍ଣ ଯନ୍ତ୍ରଣାରୁ ମୁକ୍ତ ତେବେ
ସେ ଅମ୍ଳାନ ଆନନ୍ଦର କିପରି ହେବ ପରିଭାଷା
ଯଦି ଅନ୍ଧକାର ହିଁ ଉହ୍ୟ ଅଛି

ତେବେ ଆଲୁଅର କ'ଣ ବା ଅଛି ସ୍ୱାତନ୍ତ୍ର୍ୟ।
କିଛି ଆତ୍ମା ହୁଏତ ଚାହିଁବେ
ସ୍ୱର୍ଗ-ନର୍କ ଭଳି ଦୁଇଟି ଅଲଗା ଅଲଗା
ଉପତ୍ୟକା ନୁହେଁ
ଗୋଟିଏ ଅନ୍ୟଲୋକ ଯେଉଁଠି
ଯନ୍ତ୍ରଣା ଏବଂ ଜୀବନ ଫେଣ୍ଟାଫେଣ୍ଟି ହେଇଥିବେ
ଯେଉଁଠି ପୂର୍ବ ଜୀବନର
ବନ୍ଧୁ, ସହୋଦର, ଭାଇ , ଭଗ୍ନୀ, ଶତ୍ରୁ
ସମସ୍ତଙ୍କ ସହ ହେଉଥିବ କଥୋପକଥନ।

ସେମାନେ ଯିବାକୁ ଚାହିଁବେ ଇରକାଲା
ଦ୍ୱାରପାଳ ବିଦୁର ଅନୁମତି ନେଇ
ସାତ ଦ୍ୱାର ଅତିକ୍ରମ କରି
ନୂଆ ଏକ ଅନ୍ୟଲୋକ
ଯେଉଁଠି ଏତେମୁ ଭୁଲିଯାଏନି ସବୁକିଛି
ସେ ଏକତରଫା ରାସ୍ତା ଯେଉଁଠି
ହୁଏନି କୌଣସି ପ୍ରତ୍ୟାଗମନ
ସେଇଠି ଆତ୍ମାର ଆରମ୍ଭ ହୁଏ
ଅନ୍ୟେକ ଜୀବନର ଅବକାଶ।

■

ଅସୱିଚ୍‌ର ଅମୀମାଂସିତ ଆତ୍ମା

ୱାରସ, ବର୍ଲିନ୍, ବୁଦାପେଷ୍ଟ, ଅସୱିଚ୍
ସହର ମାନଙ୍କର
ମଣିଷ ମରା ରାସାୟନିକ କୋଠରୀ
ସେ ନିବୁଜ କୋଠରୀ ସବୁ
ଅନେକ ପୂଜ ରକ୍ତ ବିଗଳିତ
ଘା' ଘାଉଡ଼ା ଶରୀର ଇତିବୃତ୍ତ ନେଇ
ଏବେବି ପକ୍ଷାଘାତ ରୋଗୀ ଭଳି
ଛିଡା ହେଇଛନ୍ତି ସେଇ ଜାଗାରେ
ଯୋଉଠି ଯୀଶୁଙ୍କ କୃଶ ବିଦ୍ଧତାର
ଦଣ୍ଡ ଭୋଗୁଥିଲେ
ଶତାବ୍ଦୀ ଶତାବ୍ଦୀ ପରର
ଚେପାନାକ, ଅଣୁଆଖି ଇହୁଦୀ ମାନେ।

ଗୋଟିଏ ଗୋଟିଏ କୃଶର ପ୍ରତିଶୋଧ ନଉଥିଲା
ବିଷାକ୍ତ ରସାୟନର ଫୋଟକା
ବାଷ୍ପ ଭେଦୁଥିଲା ଚମ ଓ ହାଡର
ସବୁ ଗଭୀରତମ ଉପତ୍ୟକା
ଯେମିତି ଛାଇ ଭେଦିଯାଏ
ସବୁ ସ୍ଥାବର –ଜଙ୍ଗମ
ଅଂଶୁମାନ ମିଳେଇଗଲା ପରେ
ଆକାଶ ଭିତରେ।

ସେ ନିରୀହ ଅସ୍ତିତ୍ୱର ଆତ୍ମା ମାନେ
ସେବେ ହିଁ ଧାଡ଼ିକି ଧାଡ଼ି
ଗହଳି ଚହଳି କରି
ଚାଲିଗଲେ ମୃତ୍ୟୁପରର ଉପତ୍ୟକାକୁ ।

ନିର୍ଦ୍ଦୟ ଅସ୍ତିତ୍ୱ ଯେତେ ସବୁ
ଅତ୍ୟାଚାରୀ ବୈଜ୍ଞାନିକ, ସୈନିକ
ଆସ୍ଫାଳିତ ଦେଶ ପ୍ରେମର ପତନ ପରେ
ସେମାନଙ୍କ ଜୀର୍ଣ୍ଣ ଅସ୍ତିତ୍ୱ ବି
ମାଟି ଖାଇଗଲା ସମୟକ୍ରମେ ।

ମୃତ୍ୟୁ ପରର ଉପତ୍ୟକାରେ
ଅସଓ୍ୱିଜର ଗୋଟେ କୁନି ଝିଅ
ଆଠ ବର୍ଷର ଝିଅ
ଯେ ନିର୍ଗତ ଧୂଆଁର ବିଷାକ୍ତ
ଅଣୁ-ପରମାଣୁ ଆଘ୍ରାଣରେ
ନୂଆ ଗୋଟେ ସକାଳ ଦେଖିଲାନି
ତା' କବର ଦିଆ ବି ହେଲା କି ନାଇଁ
ତା' ବାପା-ମାଆ ଆଉ କେତେଟା
ରାତି ବା ସକାଳ ଦେଖିଲେ
ତା'ର ନଥିଲେ କେହି ହିସାବରକ୍ଷକ ।

ନୂଆ ଉପତ୍ୟକାରେ ତା' ଆତ୍ମା
ପୁରୁଣା କ୍ଷତ ସବୁ ପାଇଁ
ଜର୍ଜ୍ଜରିତ କି ଯନ୍ତ୍ରଣାସିକ୍ତ ନାହିଁ ।
ପେଶାଓ୍ୱରର ବର୍ବର ଗୁଳିଚାଳନାରେ
ସୈନିକ ସ୍କୁଲର ଲିଭିଯାଇଥିବା
ଅନେକ ଖିଲି ଖିଲି ହସ ସମ୍ଭାବନା
ସେମାନେ ବି ଏଇ ଉପତ୍ୟକାରେ

ନିର୍ବିଷାଦ କରୁଛନ୍ତି ଚଳପ୍ରଚଳ।
ମୃତ୍ୟୁର ଚମଡା ତ
ସେଇଠି ବିସ୍ମୃତିର ଶିଖାରେ
ପୋଡା ପାଉଁଶ ହେଇ ସାରିଛି
ଏଇ କୁନି- ନିରୀହ ଆତ୍ମା
ଏଇଠି ହୋଇଛନ୍ତି ପ୍ରିୟ ମିତ।

ଦିନେ ସେ ନିରୀହ କୁନି ଆତ୍ମା
(ସେ ଉପତ୍ୟକାରେ ବୟସର ଅତ୍ୟାଚାର ନାହିଁ)
କଥୋପକଥନ ଭିତରେ
ଭାବିଲେ ପୁରୁଣା ଅସ୍ତିତ୍ୱର
ସହରକୁ ଯିବା
ଅଦୃଶ୍ୟତାର ଖୋଳପା ଭିତରେ
ସେଇ ସ୍ଥାନ ଯେଉଁଠି
ତା'ଙ୍କ ପୁରୁଣା ଖୋଳପା
ରକ୍ତରଂଜିତ ହେଇଥିଲା ବା
ଚର୍ମ-ହାଡ ତରଳିକି
ଗୁଣ୍ଡ ଗୁଣ୍ଡ ହେଇଥିଲା
ସେ ଜାଗା ସବୁ କେମିତି
ଅନୁଭୂତି ଦଉଛି
ସେ ପୁରୁଣା ବେଂଚ୍
ଉଇଖିଆ ଖଟ
ଲୁଗା ଶୁଖେଇବା ତା'ର ବାଡ
ଜଣା-ଅଜଣା ଗଛ-ପତ୍ର
ଘେଟୋର ଆଲୁମିନିୟମ୍ ଥାଳି
ସଂକୀର୍ଣ୍ଣ ମାଟି ରାସ୍ତା
ପେଶାୱାର୍ ବିଦ୍ୟାଳୟରେ
ଭାଙ୍ଗିରୁଜି ଥିବା କଳାପଟା
ଗୁଳିବିଦ୍ଧ ଧଳାକାନ୍ଥ ସବୁ

ଶ୍ରେଣୀଗୃହର
ଏ ସବୁ ସେମିତି ଅଛନ୍ତି
ନା ଏବେବି ହିଂସାର
କମ୍ବଳ ଭିତରେ ମୁହଁ
ଘୋଡ଼େଇ ପଡିରହିଛନ୍ତି ?
ଗଲେ ହିଁ ଦେଖି ହବ।

କୁନି ଆତ୍ମା ସବୁ ବାହାରିଲେ
ପୁରୁଣା ଅସ୍ତିତ୍ୱର ଉପତ୍ୟକାକୁ
ଯେଉଁଠି ମୃତ୍ୟୁ ତାଙ୍କ ପାଇଁ ଥିଲା
ବିଭତ୍ସ, ଅନିବାର୍ଯ୍ୟ, ଅମାନବୀୟ।
ବୁଦାପେଷ୍ଟର ରେଳ ଧାରଣା ମାନ
ପୁରୁଣା ହିଂସାର ପ୍ରକଂପନଠୁ
ହେଇଛନ୍ତି ମୁକ୍ତ।
ତା ଘେଟୋ ସବୁ
ଛୋଟ-ବଡ ଇମାରତ୍ ରେ
ନବକଳେବର ହୋଇ
ପୁରୁଣା କାନ୍ଦୁର ଚିତ୍କାର ମାନଙ୍କୁ
କରିଛନ୍ତି ବିସ୍ମୃତ
ଅତୀତର ମୁହାଣରେ।
ବୁଦାପେଷ୍ଟରୁ ଅସଓ୍ୱିଚ୍ ଯାଏ
ସେ ବୀଭତ୍ସ ରେଳଧାରଣାରେ
ମୃତ୍ୟୁର ପରିବହନ କଥା
ଡିଜିଟାଲ୍ ତଥ୍ୟାବଳୀ ବା
ପାଠାଗାରରେ ବିଶ୍ରାମ ନଉଥିବା
କିଛି ବହିର ପୃଷ୍ଠା ଭିତରେ କରିଛନ୍ତି
ସୁସୁପ୍ତ ଆତ୍ମଗୋପନ।
ହିଂସାର ବିଭୀଷିକା
ହତ୍ୟାର ନିରନ୍ତରତା

ରକ୍ତର ନୀରବଚ୍ଛିନ୍ନତା
ସେ କୁନି ଝିଅର ଆତ୍ମା
ପାଇଲାନି କୋଉଠି
ନୂଆ ପ୍ରାଚୁର୍ଯ୍ୟର ଇମାରତ୍
ବୋଧେ ଏ ସବୁକୁ ଗିଳିଦେଇଛି
ସେ ଧ୍ୱଂସାବଶେଷ କେବେଠୁ
ବୋଧେ ଅଶେଷ ନିଦ୍ରାରେ
ଶୋଇ ଘୁଙ୍ଗୁଡ଼ି ବି ମାରୁନାହାଁନ୍ତି
କିଛିର ବି ଅବଶେଷ
ମିଳିବା ଅସମ୍ଭବ ବ୍ୟାପାର
ସେ କୁନି ଆତ୍ମା ଆଶ୍ୱସ୍ତ ହେଲା
ହିଂସାର ଧ୍ୱଂସାବଶେଷ ନିବୁଜ ପେଡ଼ି
ଭିତରେ କଏଦ ହେଇଛି ସବୁଦିନ ପାଇଁ ।

ଆଗକୁ ବଢ଼ି ଅସୱିଚ୍ ପାଖେ
ପାଦ ଅଟକିଗଲା ଥପ୍ କରି ।
କୁନି ଆତ୍ମା ମୁକ୍ତ ଥିଲା ବିଷାଦରୁ
ହେଲେ ସେ ଜୀର୍ଣ୍ଣ ଇମାରତ୍
ଯେଉଁଠି ରାସାୟନିକ ପଦାର୍ଥ ସବୁ
ଢଳା ହେଉଥିଲା ଆବାଳ ବୃଦ୍ଧ ବନିତା ଉପରେ
ଫ୍ୟାକ୍ଟ୍ରିରେ ଷ୍ଟିଲ ଖଣ୍ଡ ସବୁ
ନିଆଁରେ କ୍ଷୁଦ୍ରାତି କ୍ଷୁଦ୍ର କଲାଭଳି
ଶରୀରକୁ କରାଯାଉଥିଲା ଭସ୍ମୀଭୂତ
ସେ ଦଗ୍ଧ ନିରୀହତା ଭିତରୁ
ରାଷ୍ଟ୍ର ପ୍ରେମର ଚିତା ଧୂଆଁ
ସମ୍ପୂର୍ଣ୍ଣ ରାଷ୍ଟ୍ରର ଦିଗବଳୟକୁ
ସଂଚରି ଯାଉଥିଲା
ଫମ୍ପା କାଠରେ ଉଈ ସଂଚରିଲା ଭଳି ।

ଗୋଟିଏ ଲମ୍ବା ଦୀର୍ଘଶ୍ୱାସ ଆଉ
ସ୍ମିତହାସ୍ୟ
ମନରେ କିମ୍ଭୁତ କିମ୍ଭାକାର ଆତ୍ମତୃପ୍ତି
ବିତିବା ମୁହୂର୍ତ୍ତ ତ ବିତିଗଲା
ଯେତେ ସବୁ ହିଂସା, ଅସୂୟା
ପ୍ରାୟଶ୍ଚିତ, ଦଣ୍ଡବିଧାନ
ପରବର୍ତ୍ତୀ ଆତ୍ମହତ୍ୟା, ଫାଶୀ
ଚିତ୍କାର, ରୋଦନ
ରକ୍ତଛିଟା, ପୋଡାଗନ୍ଧ
ସତେଜ କବର, ତାଜା କ୍ଷତ
ଇଏ ସବୁ ପରସ୍ତ ପରସ୍ତ
ଉର୍ବର ମାଟି କ୍ଷୟ ହେଲା ଭଳି
କ୍ଷୟ ହେଇ ହେଇ
ସେ ସ୍ଥାନକୁ ଘଷି, ମାଜି ଗାଧୋଇ
ସେ ସ୍ଥାନକୁ କରିଛନ୍ତି
ଅସାମାନ୍ୟରୁ ସାମାନ୍ୟ ।

କୁନି ଝିଅଟି ଦେଖିଲା
ଶବ୍ଦ ମାନେ ମରଣର ଚିତ୍କାର ନୁହେଁ
ଏବେ ଅଳ୍ପ ବର୍ଷା ଠପ୍ ଠପ୍ ପଡ଼ିଲେ
କି ସଂଧ୍ୟାରେ ପକ୍ଷୀମାନେ ସେ ସଂଗ୍ରହାଳୟ
ଉପରୁ ଫେରିଚାଲିଲେ
ତା'କୁ ସ୍ପଷ୍ଟ ଶୁଣି ହଉଛି ।

ରେଳଡବା ଭିତରେ
ଅସହାୟତାର ଟ୍ରଙ୍କଭର୍ତ୍ତି
ଆବେଗମାନ
ସଂପୂର୍ଣ୍ଣ ବର୍ଜିତ ହୋଇଛନ୍ତି
ପୃଥିବୀର ବିଭିନ୍ନ ଅଭିଜାତ

ରଙ୍ଗ, ଜାତିର ନାଗରିକ
ନିଜ ସ୍ୱର୍ଣ୍ଣକାତର ଉପସ୍ଥିତି ସହ
ସେଇଠି ଚଳପ୍ରଚଳ କରୁଛନ୍ତି
ନିର୍ଗତ ଧୂଆଁ ଗଛପତ୍ର ସହ
ବାରମ୍ବାର ବଳାତ୍କାର କରୁନାହାନ୍ତି
ଯେମିତି ସବୁ କିଛି ବହୁତ ସ୍ଥିର
ସେ ଛୋଟବେଳେ ଯେମିତି ସକାଳେ ଉଠି
କୁନି ମିକି-ମାଉସ୍ ବ୍ୟାଗ ପକେଇ
ପଞ୍ଚ ପଞ୍ଚ ଶବ୍ଦ କରୁଥିବା ଗୋଲାପି
ଚପଲ ପିନ୍ଧି ସ୍କୁଲ ଯାଉଥିଲା
ସେମିତି ଦାୟିତ୍ୱବୋଧ ସହ
ଜହ୍ନ-ତାରା ବି ତାଙ୍କ ନିର୍ଦ୍ଧିତ
ପରିଧି ଭିତରେ ଉଇଁବା, ଘୂରିବା
ଅସ୍ତ ହେବା ପରି
କରୁଛନ୍ତି ଯାବତୀୟ ନିତ୍ୟକର୍ମ।

ଜଣେ ଇହୁଦୀ ଝିଅ ତା ହିନ୍ଦୁ
ପ୍ରେମିକ ସହ ସଂଗ୍ରହାଳୟର
ନିଶୁନ କୋଣରେ ଚୁମ୍ବନ ଦେଉଛି
ଠିକ୍ ସେଇ କୋଣର ପାଞ୍ଚ-ଦଶ ଫୁଟ
ପରିଧି ଭିତରେ ମୋ ପୁରୁଣା ଅସ୍ତିତ୍ୱ
ଭଳି ହଜାରେ ଅସ୍ତିତ୍ୱ
ଚୁମ୍ବନ ଦେଇଥିଲା ମୃତ୍ୟୁକୁ, ଅଣାଅଶୀ ବର୍ଷ ତଳେ
ଆକ୍ରାମାକ୍ରା ହେଇ ରାସାୟନିକ କ୍ରିୟା-ପ୍ରତିକ୍ରିୟାରେ
ନିବୁଜ ଗ୍ୟାସ୍ କୋଠରୀର।
ଫେରିବାକୁ ବାହାରିଲାବେଳେ
ଅସଓ୍ୱିଚର ଦକ୍ଷିଣ ପଶ୍ଚିମ କୋଣରେ
କୁନି ଝିଅଟି ଦେଖିଲା
ବହୁତ ଉଚ୍ଚ ଗୋଟେ

ଝାଉଁଭଳି ଦିଶୁଥିବା ଗଛ(Lombardy poplar)
ତା’ ପତ୍ରସବୁ ପବନରେ ଥରି ଥରି
କାଇଁ କେଜାଣି କୁନି ଝିଅକୁ
ହାତଠାରି ଡାକୁଛନ୍ତି
କିଛି ଦଶାବ୍ଦ ଧରି
ଅବ୍ୟକ୍ତ ବେଦନା ସବୁ
ଢାଳି ଦବାକୁ ଅପ୍ରତିମ
ବହିଚାଲିଥିବା ମୌସୁମୀ ଝରଣା ଭଳି।

ଫେରିଯାଉଥିବା ପାଦ ସବୁ
ଅଜଣା ସ୍ନେହାସିକ୍ତ ଶିକୁଳୀରେ
ବାନ୍ଧି ହୋଇ
ଆଗକୁ ବଢିଲା ସେ
ଝାଉଁ ଭଳି ଗଛର ଆରକ୍ତ
ଅସ୍ତିତ୍ୱ ଆଡକୁ।
ପବନରେ ଥିରି ଥିରି
ମୁଣ୍ଡ ଟୁଙ୍ଗାରୁଥିବା ପତ୍ର ସବୁ
କାକୁସ୍ଥ ଭଳି ହେଇଗଲେ ଅବାକ୍
ମୁଣ୍ଡରେ ବନ୍ଧୁକ ରଖିଲାବେଳେ
ଭୟ, ଆତ୍ମଚିନ୍ତନରେ
ଆତ୍ମସ୍ଥ ହେବା ଆତତାୟୀ ଭଳି।

ଗଛର ମାଟି ଲାଗିଥିବା ଚେର, ମୂଳ
ଉତ୍ତର ମେରୁରେ ବରଫପାତ
ସହିବା ପରି ଶିକୁଡ଼ି ଯାଉଥିଲେ
କୁନି ଝିଅଟି ତଟସ୍ଥ
ଗଛର ଆର୍ଦ୍ର ଲୁହ ଦେଖି।

ହଠାତ୍ ଗଛର ପଛକାନି
ଆଣ୍ଟୁ ପ୍ରଲମ୍ବିତ କରି
ଗଛର ଛାଲି ଛାଲିଆ ଦେହରେ
ପିଠିକୁ ଆଉଜି
ହାଲିଆ ଉତ୍ତାରୁଛି
ସୁବଳ, ପ୍ରଶସ୍ତ ବପୁଥିବା
ଉଚ୍ଚ କପାଳିଆ ଜଣେ ଅସ୍ତିତ୍ୱ
ସେ କାନ୍ଦୁଥିଲା
କାନ୍ଦୁଥିଲା ବିନା ଶବ୍ଦ କରି
ବିନା ଲୁହ ନିଗିଡାଇ
ସେ ଜୀବନ୍ତ ଅସ୍ତିତ୍ୱ ନଥିଲା
ତା' ଭୌତିକ ଖୋଳପାର
ଭଗ୍ନାବଶେଷ ବହୁବର୍ଷ ଆଗରୁ
ଝାଉଁଳା ଗୋଲାପର ପାଖୁଡ଼ାକୁ
କୁଣ୍ଢେଇକରି ଅନନ୍ତ ବିଶ୍ରାମ
ନେଇସାରିଥିଲା ନିକଟସ୍ଥ କବରସ୍ଥାନରେ।

କୁନି ଝିଅ ସେ ଆତ୍ମାର
ବେଦନାସ୍ଫୀତ ବାମ କାନ୍ଧରେ
କଅଁଳିଆ ତିନି ଆଙ୍ଗୁଳି ରଖିଲା।
ଚମକିପଡି ଯୁବକଟି ଅନେଇଲା
ଝିଅଟିକୁ ଆରକ୍ତ ନୟନରେ।

ହଠାତ୍ ଅର୍ଦ୍ଧଶତାବ୍ଦୀରୁ ଉର୍ଦ୍ଧ
ଝରିଥିବା ଲୁହମାନେ
ଡକା ଡକି ହେଇ ବଳୟଟେ
ତିଆରି କଲେ ଆଖି ଆଗରେ
ଯୁବକଟି ଅଣାଅଶୀ ବର୍ଷର
ଯନ୍ତ୍ରଣାକୁ ନିମିଷେକ ଚାହାଁଣିରେ

ଭର୍ତ୍ତି କରିଦେଇ
ପରକ୍ଷିଦେଲା ସେ କୁନି ଝିଅ ପାଖରେ।

ସେଦିନ ବର୍ଷା ଅଙ୍କ ଛାଡ଼ିଥିଲା (ଅଣାଅଶୀ ବର୍ଷତଳେ)
ଅନାବନା ଘାସ ସଫା କରୁ କରୁ
କୁନି ଝିଅର ଭୌତିକ ଅସ୍ତିତ୍ୱ
ପାଇଥିଲା ଅଧମରା ଚାରାଟି।
ସେଠୁ ମାଟି ଛଡେଇ
ନରମ ପାପୁଲିରେ ଆଉଁଶା ଦେଇ
ମାଟିକୁ ହାତରେ ଆମ୍ପୁଡି
ତା'କୁ ପୋତି ଦେଲା ସେ
ଅନାବନା ଘାସର
ଗୁରୁତ୍ୱନଥିବା ସ୍ଥାନଟି ଉପରେ
ହାତର ମାଟି ଧୋଇ
ଗରାଏ ପାଣିରେ
ଚାରାଟିକୁ ଆଉ ଗରାଏ ପାଣି ଦେଇ
ଚାଲିଗଲା ଅସଙ୍ଗିଚର ସେ
ବିଭସ୍ଥ କାନ୍ଥର କୋଠରୀ ଭିତରେ।

ସେଇ ରାତିରେ କିଛି ପଞ୍ଜୀକୃତ
ପୃଷ୍ଠାଧରି ଯୁବକଟେ ଆସିଲା
ଚିତ୍କାରର ନିଃଶବ୍ଦତାକୁ ପ୍ରତ୍ୟାଖାନ କରି
କୁନିଝିଅକୁ ଭିଡିନେଲା
ଫିଙ୍ଗିଦେଲା ରାସାୟନିକ କୋଠରୀରେ
ଅଗିରା ଉତ୍ସବରେ ଆଳୁ-ବାଇଗଣ
ଫିଙ୍ଗିବା ପରି
କୁନି ଝିଅର ଆତୁରତା ଯେପରି
ନିଷ୍ଫଳ ଥିଲା ସେ ଯୁବକର
କର୍ତ୍ତବ୍ୟରେ ଲେସ ଅଗ୍ନିହୁଳା ଆଖି ଆଗରେ

ତା' ପର ମୂହୁର୍ତ୍ତ ସବୁରେ ଯାହା ହେଲା
ତାହା ପୀଡ଼ା, ଯନ୍ତ୍ରଣା ବା କଷ୍ଟ
କାହାର ବି ପ୍ରତିଶବ୍ଦ ନୁହଁ
ସେଇ ଗରାଏ ପାଣିପାଇଥିବା ଚାରା
ଆଉଁଶା ପାପୁଲି ଖାଇଥିବା ଗଛ
ସେ ଢୁ ଢୁ ଶ୍ରାବଣର ଏତେ ଦଶାବ୍ଦୀର
ବର୍ଷା ପରେ ବି ସେମିତି ତୃଷାର୍ତ୍ତ ଥିଲା ।

ଏବେ ସେଇ ଚାରାଟି ବଡ ଦ୍ରୁମ
ହେଇ ଅପେକ୍ଷା କରିଛି
ସେଇ ନରମ ପାପୁଲିକି
ସେ ଯୁବକର ଆତ୍ମା ଖୋଳପାରୁ
ମୁକ୍ତ ହେଇବି ମୁକ୍ତ ହେଇନି
ପ୍ରାୟଶ୍ଚିତର ଗହଳ ଛାଇ ପାଇଁ
ସେ ସେଇ ଝାଉଁଭଳିଆ ଗଛର
ଶରଣକୁ ଆସିଛି
ତା' କୋରଡ, ପତ୍ର, ଚେରକୁ
ଅନେଇ ଅନେଇ ପୁଣି
ଗୋଡ ଲମ୍ବା କରି ଶୋଇଯାଉଛି ।

ହଠାତ୍ ଇଏ ଅନାମଧେୟ
ବିଶେଷୋକ୍ତି ନଥିବା ଗଛ ପାଖେ
ହତ୍ୟାକାରୀର ଆତ୍ମା ଆଉ
ମୃତ କୁନି ଛୁଆର ଆତ୍ମା
ଏକାଠି ହେଇଛନ୍ତି ଆଉ
ଅଣାଅଶୀ ବର୍ଷ ତଳ
ଆତୁରପଣର, ଅସହାୟପଣର ଅଗ୍ନି
ସେଇ ମୁହୂର୍ତ୍ତର ସ୍ଥିରତାରେ
ସମ୍ପୂର୍ଣ୍ଣ ହେଇଛି ନିର୍ବାପିତ ।

ଅବନମିତ ଭ୍ରୂଲତା
ଅବିଶ୍ରାନ୍ତ କାନ୍ଦଣା ସହ
ନିଜ ପ୍ରାୟଶ୍ଚିତ, ଯନ୍ତ୍ରଣା
ସମ୍ପୂର୍ଣ୍ଣ ସମର୍ପଣ
କରିଦେଇଛି ଯୁବକଟି
ଦଶାବ୍ଦ ଦଶାବ୍ଦ ଧରି ଆତ୍ମଶୋଚନା
ଅପରାଧବୋଧ ହାତ ଯୋଡି
ମାଗୁଛନ୍ତି କ୍ଷମା ଆଉ ମୁକ୍ତି
ତା' ବିନା ସେ ଆତ୍ମା ବି ତ
ଛାଡିପାରିବନି
ସେ ଗଛର ଗହଳ ଛାଇର ପ୍ରାୟଶ୍ଚିତ।

କୁନି ଝିଅଟିର ଆତ୍ମା
କୋମଳ ପାପୁଲିରେ ପୋଛିଦିଏ
ତା' ହତ୍ୟାକାରୀର ସବୁ ଅନୁଶୋଚନା।
ତା'କୁ ଚକୋଲେଟ ଖୁଆଏ
ତା' ଗାଲକୁ ଆଉଁଶି ଦିଏ।

ତା' ଶରୀର ତ ଦଗ୍ଧ ହେଇଥିଲା
କିଛି ମୂହୁର୍ତ୍ତ
ଆତତାୟୀର ଆତ୍ମା ତ
ଦଗ୍ଧ ହେଲାଣି ପ୍ରତି ମୂହୁର୍ତ୍ତ
ଅଣାଅଶୀ ବର୍ଷ ଧରି
ପ୍ରାୟଶ୍ଚିତର ବୁଢିଆଣୀ ଜାଲ
ଭିତରେ
ଏବେ ସେ ନିରୁକ୍ତ ଆତ୍ମାର
ସକଳ ମୁକ୍ତି ହିଁ ଅଭିପ୍ରେତ।

ସଂଧ୍ୟା ଚିରିଯିବା ଆଗରୁ
କୁନି ଝିଅଟି ପାଖ ଦୋକାନରୁ
ଦୁଇଟି ଚୌକି, ଗୋଟିଏ ଟେବୁଲ୍
ସଜାଡିକି ରଖି
ତା' ହତ୍ୟାକାରୀକୁ କହିଲା ବସିବାକୁ।
ନିଜ ହାତରେ ଗରମ କଫି
ପରସିଦେଲା ଯନ୍ତ୍ରଣାର ହେମାଳକୁ
କ୍ଷାନ୍ତ କରିବାକୁ।

ଯୁବକର ଆତ୍ମା ଯନ୍ତ୍ରଣାରୁ
ପାଇଲା ଚିରନ୍ତନ ମୁକ୍ତି
ଉଭୟଙ୍କ ଆତ୍ମା ଫେରିଗଲେ
କୁନି ଝିଅର ଆତ୍ମା ଯେଉଁଠୁଁ ଆସିଥିଲା
ଏଥର ହତ୍ୟାକାରୀର ଆତ୍ମା କାଖେଇଥିଲା
କୁନିଝିଅକୁ, ଗେଲ୍‌ହାରେ।
ପ୍ରାୟଶ୍ଚିତ, କ୍ଷମା କ'ଣ ଭୌତିକ କି
ନା ସେମାନେ ଅତିଭୌତିକ
ସେମାନେ ରହିବେ ଧ୍ରୁବ ତାରା ଭଳି
ସବୁ ମହାଯୁଗ, କଳ୍ପର ଧ୍ୱଂସ ପରେ ବି
ଜ୍ୟୋତିସ୍ମାନ, ଜାଜ୍ଜ୍ୱଲ୍ୟମାନ, ଶାଶ୍ୱତ।

ଯନ୍ତ୍ରଣାର କ୍ଷୁଦ୍ରାତିକ୍ଷୁଦ୍ର କୋଷ ଯେତେ
କର୍କଟ ରୋଗ, ପକ୍ଷାଘାତ ରୋଗରେ
ରୋଗାକ୍ରାନ୍ତ ହେଇ
ସହାନୁଭୂତିର ଆଞ୍ଜୁଳେ ପାଣି ପାଇଁ
ତହଲବିକଳ ହେଇ
ଶେଷରେ ଦେହତ୍ୟାଗ କଲେ।

ମୃତ୍ୟୁ ପରର ଉପତ୍ୟକା

ମୃତ୍ୟୁ ପରର ଉପତ୍ୟକାକୁ
ଯିବାବେଳେ
କ'ଣ ନିଃସ୍ୱ ହେଇକି ଯିବି ?
ଦିନ-ରାତି ମୋ ଆଖି
ଆଉଁଶୁଥିବା ଉଷୁମ୍ ଲୁହ
ଯାହା ଡୋଳା ଭିତରର
ଅମାରଶାଳରେ ମୁଁ
ଭରି ଭରି ରଖୁଥିଲି
ରକ୍ତ ବୋହୁନଥିବା
କ୍ଷତାକ୍ତ ମନର ଶିରା-ପ୍ରଶିରା
ଯାହାର ଘା' ପାଚିଆସିଲାବେଳେ
ପୁଣି କଇଁଚି ମାଡ଼ରେ ତାଜା ହୁଏ
ମୋ ଏକଲାପଣର ଧ୍ୱଂସାବଶେଷ
ଯାହା ଲିଭିନଥିବା ମୋ ଚିତାର ଧୂଆଁରୁ
ଅନାଥପଣର ଅସହାୟତା ସହ
କଇଁ କଇଁ କାନ୍ଦୁଛି ।

କ'ଣ ସେ ନୂଆ ଉପତ୍ୟକାରେ
ଏମାନଙ୍କୁ କାହାକୁ ବି
ଅସ୍ପୃଶ୍ୟତାରୁ ମିଳିବନି ମୁକ୍ତି ।
ଏଇମାନଙ୍କ ଅତର ବୋଲା ସ୍ନେହରେ ତ

ମାଛି ଭଣ ଭଣ କ୍ଷତାକ୍ତ ଜୀବନ
ପାଉଥିଲା ଟିକେ
ଆଉଁଷା ପବନ।

ସେ ଉପତ୍ୟକାରେ ଏ ସମସ୍ତଙ୍କୁ ନ ନେଇ
ମୁଁ କ'ଣ ସ୍ୱାର୍ଥାନ୍ୱେଷୀ ଆତ୍ମା
ଭଳି କେବେ ପାଇପାରିବି ମୁକ୍ତି ?
ମୋତେ ଛୋଟ ନଡିଆକତାର
ବସ୍ତାନୀ ଭିତରେ
ଏମାନଙ୍କୁ ଭର୍ତ୍ତି କରିବାକୁ ଦିଅ
ସେ ନୂଆ ଉପତ୍ୟକାରେ ବି ତ
ଲାଞ୍ଚ କାରବାର ଥିବ
ମିଥ୍ୟା ପରିଚୟପତ୍ର ଥିବ
ଲୁହକୁ ଭାଗିରଥିର ପବିତ୍ର ଜଳ
ବୋଲି ମିଥ୍ୟା ପରିଚୟ ଦେଇଦେବା
ଏକେଲାପଣକୁ ଦିବ୍ୟ ବ୍ୟାଘ୍ରଛାଲରେ
ଜାମା ପିନ୍ଧେଇଦେବା
ମନର ଅପଚା ଘା' କୁ
ପଂଚଭୂତ ନେବାକୁ ଭୁଲିଗଲେ
ବୋଲି ଛୋଟ ମିଛଟେ କହିଦବା
ମୃତ୍ୟୁର ମୁକ୍ତି ଭିତରେ
ଜୀବନର ଚକ୍ର ଶେଷ ଘୂର୍ଣ୍ଣନ ନେଇପାରେ
ହେଲେ ସେ ଭୌତିକତାରୁ
ମୁକ୍ତି ପାଇବାପାଇଁ
ମୋ ପୁରୁଣା ଆତ୍ମୀୟମାନଙ୍କୁ
ବୋଡା ଛତୁରୁ ମାଟି ଛଡ଼େଇଲା ଭଳି
ନିଜର ନୂଆ ଉପତ୍ୟକାରେ ପରିତ୍ୟାଗ କଲେ
ତାହା ହବନି କି ବିଶ୍ୱାସଘାତକତା
ମନ ଭିତରର କଣ୍ଟା ଜଂଗଲ

ଯିଏ ଫୁଟେଇ ଫୁଟେଇ ଜୀବନ ଭିତରେ
ଛାଇ ବି ଦେଉଥିଲା
ତାକୁ ପ୍ରତାରିତ କରି
ଏ ଅବିଶ୍ୱସ୍ତ ଆତ୍ମା
କେଉଁ ମୁକ୍ତିର ଉପତ୍ୟକାକୁ ଯିବ ?
ସେ ନୂଆ ଉପତ୍ୟକାରେ ବି
ଶାନ୍ତି-ଖୁସିର ମଧୁସ୍ନାନ ଭିତରେ
ଠୋପା ଠୋପା ଲୁହ
କାନ୍ଧରେ କଟାକଟି ହେଇଥିବା ଧମନୀ
ସେଇ ମୃତ୍ୟୁଲୋକ କୁ ଝୁରିବେ
ବିଶ୍ୱାସଘାତକର ମୁକ୍ତି ନାହିଁ।

କାମନାଙ୍କର ଆପ୍ରାଣ ଆତୁରତା

ଜୀବାଶ୍ମ ସବୁ
ପଞ୍ଚଭୂତରେ ମିଳେଇଯିବା ପରେ
ଆତ୍ମା କେମିତି ମୁକ୍ତ ହୁଏ ?
ମୃତ୍ୟୁ ପରର ଉପତ୍ୟକାରୁ
ଆସେ କି ସୁସଜ୍ଜିତ ଗୋଟିଏ
ପୁଷ୍ପକ ବିମାନ ଭଳି ରଥ
ନା ମାଟି ତଳେ
ଗୁରୁଣ୍ଡି ଗୁରୁଣ୍ଡି ଅତଳତଳ
ଯାଇକି ହାଲିଆ ହେଲା ପରେ
ପରମାତ୍ମା ତାଙ୍କ ଦ୍ୱାରପାଳକୁ ପଠାନ୍ତି
ସେ ଉପତ୍ୟକାରେ ବି କ'ଣ
ଆଗମନର ପଞ୍ଜୀକରଣ ହୁଏ ?

ଦୁଃଖ, ବେଦନା ସବୁ ତ
ଚିତାଗ୍ନି ଉପର
ବାଉଁଶର ଶକ୍ତ ପ୍ରହାରରେ
ଚୂନା ହୋଇ ରହିଗଲେ
ପୃଥିବୀର ବନ୍ଧୁର ମାଟି ଭିତରେ ।
ନିଃସଙ୍ଗତା ଚିତା ଧୂଆଁର
ଉର୍ଦ୍ଧ୍ୱଗାମୀ ସରଳରେଖାରେ
ପେଟେଇକି ଶୋଇପଡି

କୁଆଡେ ଅନ୍ତର୍ଦ୍ଧାନ ହେଇଗଲା।
ପୁଞ୍ଜିଭୂତ ଅସହାୟତା, ବିଚ୍ଛିନ୍ନତା
ଶୃଙ୍ଖଳା କାଠ ସହ ଛନ୍ଦାଛନ୍ଦି ହୋଇ
ସମୂହ ଆତ୍ମହତ୍ୟା କଲେ
ସେଇ ହୁତୁହୁତୁ ନିଆଁରେ।

ଇଏ ସବୁ ଜଳାଞ୍ଜଳି ପରେ ତ
ଅଣନିଃଶ୍ୱାସୀ ଆତ୍ମା
ସଂକ୍ଷିପ୍ତ ସୁଡ଼ଙ୍ଗର ନିବୁଜ ଅନ୍ଧକାରରୁ
ଚାଲିଗଲା ପରମାତ୍ମାଙ୍କ ଉପତ୍ୟକାକୁ।
ଅର୍ବାଚୀନ ସମୟର କାମନା ଯେତେ
ପରସ୍ତ ପରସ୍ତ କରି
ଶେତା ପଡିଥିବା ଚମ ଉପରେ
ଗୁଡ଼େଇ ତୁଡ଼େଇ ରହିଥିଲେ
ସମସ୍ତ କାମନା ମାନଙ୍କର
ଲମ୍ବା ଲମ୍ବା ଅଭିଯୋଗ ଫର୍ଦ୍ଦ।
କେଉଁ କାମନା ମଞ୍ଜି ପୋତିବା ପରେ
ଗରାଏ ପାଣି ନ ପାଇ ଛଟପଟ ହେଉଛି
କିଏ ଥରେ ବ୍ୟବହୃତ ମଇଳା କାମିଜ ପରି
ଧୁଆ ହୋଇ ଇସ୍ତ୍ରୀ ହେବାକୁ ହାତ ଯୋଡୁଛି
କିଛି ଆକାଂକ୍ଷା ପ୍ରାଣାୟମର ଦୀର୍ଘଶ୍ୱାସ ପାଇଁ
କିଲିବିଲି ହେଉଛନ୍ତି
କିଛି ପୁଣି ବେଶ୍ୟାଗଳିରେ ପାଞ୍ଚ ପଇସା ନଥିବା
ନିରର୍ଥକ ଗ୍ରାହକ ଭଳି
ଆ ତା ପିଣ୍ଡାରେ ଢୁଳେଇ ପଡୁଛନ୍ତି
ସବୁ କାମନା ଅମର୍ତ୍ତ୍ୟ ହେବା ଆଶାରେ
ମୋ ମୁଣ୍ଡ ସାରା, ଚମର ପ୍ରତ୍ୟେକ

ଅଣୁ – ପରମାଣୁରେ
ଲାଖିଯାଇଛନ୍ତି ଯେମିତି ଝିଟିପିଟି
ଲାଖି ରହେ ଧଳା କାନ୍ଥର ପରିପାଟୀ ଉପରେ ।

କୌଣସି କାମନାର ବି ଅଳି – ଅର୍ଦ୍ଦଳି
ପୂରଣ କରିବାକୁ ମୁଁ
ଉତ୍ତର ମେରୁର ଶୀତ ଋତୁରେ ଥିବା
ଅସହାୟ ସୂର୍ଯ୍ୟ ପରି ଅକ୍ଷମ
ଯେଉଁ ଅସ୍ତିତ୍ୱ ଏଇ
ଇଚ୍ଛା , ଆକାଂକ୍ଷା , କାମନା ମାନଙ୍କର
ଭ୍ରୁଣ ତିଆରି କରି
ସେମାନଙ୍କୁ ଗର୍ଭଧାରଣ କରିଥିଲା
ପ୍ରସବ – ଜନିତ ଅହେତୁକ ଯନ୍ତ୍ରଣା ଦେଇଥିଲା
ଆଜି ସେଇ ଅସ୍ତିତ୍ୱର ଅଣୁ – ପରମାଣୁ ତରଳି ଯାଉଛନ୍ତି
ଚିତାଭସ୍ମର ସୁବର୍ଣ୍ଣ ନିଆଁରେ ଭ୍ରୁଣ ହତ୍ୟାକରୀ ହେଇ ।

ନିର୍ବାଣ

ଇଏ ମୋହର ମହୁମାଛି ଛତା
ଭଣ ଭଣ ହେଇ
ଜାବୁଡ଼ି ଧରିଛି ମଢ ଉପରେ
କିଲିବିଲି ହେଇ କାନ୍ଦୁଥିବା
ସନ୍ଦିହାନ ଆତ୍ମାକୁ।
ଅନାଥ ଆତ୍ମା ପରିତ୍ୟାଗ କରେ
ପୁରୁଣା କଙ୍କର ଖୋଳପା
କେବେଳ ଚେତନା ଥିରି ଥିରି
ପାଦ ଥାପେ ଏକ ଅନନୁମେୟ
ଶୂନ୍ୟତା ଆଡେ
ଏକ ଅନୁଭୂତି ବିହୀନ ଅନ୍ତର୍ଭାବ
ଯେଉଁଠି ସ୍ଥାବର-ଜଙ୍ଗମ
କିଛି ବି କିଛି ଦୃଶ୍ୟମାନ ନାହିଁ
କେବଳ ଧର୍ମକାୟ ଜ୍ଞାନୋଦୟ
ଚେତନାର ପ୍ରତ୍ୟେକ କୋଷ
ଦ୍ରବୀଭୂତ ହୁଏ
ଯେଉଁଠି ତାହାର ହୋଇଥିଲା ଉତ୍ପତ୍ତି।
ଇଏ ଶୂନ୍ୟତା ହିଁ ସମ୍ପୂର୍ଣ୍ଣ ସତ୍ୟ।

ଚେତନା ଆଚମ୍ବିତ ହୁଏ
ଅସଂଖ୍ୟ ରେଣୁର ବାରମ୍ବାର ପ୍ରହାରରେ

ଘୋ ଘୋ ବିକଟାଳ ଶବ୍ଦ
ବିରଳ ରଶ୍ମିମାନଙ୍କ
ବାରମ୍ବାର ଅତିକ୍ରମଣ, ଅନୁପ୍ରବେଶ ।
ଏକ ସମ୍ଭୋଗକାୟ ଉଜ୍ଜ୍ୱଳତା
ଭେଦିଯାଏ ଚେତନାର କନ୍ଦି, ବିକନ୍ଦି
ଆଧ୍ୟାତ୍ମିକତାର ବିଶ୍ୱରୂପ ପରି
ଚେତନା ପାଏ ବୁଦ୍ଧତ୍ୱ
ଶୂନ୍ୟତାର ସମ୍ପୂର୍ଣ୍ଣ ସତ୍ୟରୁ
ବୌଦ୍ଧତ୍ୱର ଅପୂର୍ବ ଅନୁଭବ ଭିତରେ
ଆତ୍ମା ପାର କରେ
ଏକ ଦିବ୍ୟ ଅନ୍ତର୍ଭାବ
ଯାହା ମୃତ୍ୟୁକୁ କରିଦିଏ
ଜୀବନ ସରଳାର୍ଥର ଏକ
ଅସଂପୂର୍ଣ୍ଣ ଅନୁଚ୍ଛେଦ
ଯାହାର ପୂର୍ଣ୍ଣତା ଆସେ
ପୁନର୍ଜନ୍ମରେ, ଅବତାରରେ, ନିର୍ବାଣରେ ।

ଦୁଇଟି ଅନ୍ତର୍ଭାବର ଦିବ୍ୟ ଯାତ୍ରା
ଚେତନାକୁ ଫେରାଇଆଣେ
କାମନାର ନିତିଦିନିଆ ହାଟ
ପୃଥିବୀପୃଷ୍ଠକୁ ।
ବୋଧିତ୍ୱର ଉଜ୍ଜ୍ୱଳତାରେ ବିଗଳିତ
ଚେତନା ଛିଞ୍ଚିଚାଲେ
ଜ୍ଞାନର, ସତ୍ୟର ଅମୃତବାଣୀ
ଏଇ ନିର୍ମାଣକାୟ ରୂପଧାରୀ
ଆତ୍ମା ପ୍ରତୀକ ସାଜେ ନିରନ୍ତରତାର
ଜୀବନ ଓ ମୃତ୍ୟୁ ଗଣ୍ଠି ପଡ଼ିନଥିବା
ଅଛିଣ୍ଡା ସୂତା ପରି
ବାନ୍ଧିହେଇଥା'ନ୍ତି ପ୍ରତ୍ୟେକ ଜୀବ ଦେହରେ

ପ୍ରତ୍ୟେକ ମଣିଷ ଦେହରେ
ଉପନୟନ ବ୍ରତର ପବିତ୍ରତା ଭଳି
ନିର୍ବିକାର, ନିରବଚ୍ଛିନ।

ଜୀବନ ଝୁଣ୍ଟିଗଲେ ତୀବ୍ର
ଶୀତ ଋତୁର କାକରରେ
ଘୋଡ଼େଇ ପଡେ ମୃତ୍ୟୁର
ରେଶମୀ ସାଲ୍, କାନଘୋଡା ଟୋପି
କିଛି ଦେଖନ୍ତି ଖରାଟିଆ
ସକାଳରେ ନିର୍ବାଣ
ଆଉକିଛି ପୁଣିଥରେ ସଢନ୍ତି
ପଇଁଚାଳିଶୀ ଡ଼ିଗ୍ରୀ ଖରା, ଆତଯାତ
ଘୂର୍ଣ୍ଣିବାତ୍ୟା, ଅତିଥି ବନ୍ୟା ଭିତରେ
ପୁନର୍ଜନ୍ମର ପ୍ରାୟଶ୍ଚିତ ଭରା ଶ୍ରାପରେ।

ତତ୍ ତ୍ୱମ ଅସି

ନୂଆ ଉପତ୍ୟକାକୁ
ମୋ ଛୋଟ କୁଂପି ନେଇପାରିବି ?
ଆଉ କିଛି ଛେନାଝିଲ୍ଲୀ
କିଛି ଭଲ ବହି
ସେଠି ଗଛ- ପତ୍ର ଅଛି କି ନାଇଁ
କିଛି ଫୁଲ – ଚାରା
ଫୁଲକୁଣ୍ଡ କିଛି ନେଇଯିବି କି ?

କୁହନ୍ତି ସେଠି ବେଦନା ନାହିଁ
କୌଣସି ଭୌତିକତା ନାହିଁ
ପରମାତ୍ମା ଏ ସବୁକୁ
ନିଜ କମଣ୍ଡଳୁରେ ବନ୍ଦୀ ରଖିଛନ୍ତି
ଏତେ ସୁନ୍ଦର ଲୋକଟି ପାଇଁ
ଏଠୁ ଚକୋଲେଟ୍ କିଛି ନେଇଯିବି କି ?

ସେଠି କ'ଣ ମିଳେ କି ନ ମିଳେ
ତା'ର କିଛି ବି ଚିଠା ନାହିଁ
ଆତ୍ମା କେମିତି ଦିଶେ ?
ତା'ର କିଛି ଚିତ୍ର କି ସ୍ଥିରଚିତ୍ର ନାହିଁ
ଶବରୁ ଅଲଗା ହେଲାବେଳେ
ତା'କୁ କ'ଣ ଗାଢ କନିଅର

ରଙ୍ଗର ନିଆଁ ଜଳାଏନି କି
ନା ସେ ନିଃସଙ୍ଗତା ସହ
ଧୂଆଁରେ ବି ଉଡେନି କି
ମୁଁ ତ ସବୁ ପଞ୍ଚଭୂତଙ୍କୁ
ଆଗରୁ ଭେଟିଛି
ପାଣିକୁ , ଆକାଶକୁ, ଭୂମିକୁ
ଏମାନଙ୍କୁ ତ ସବୁଦିନ ଭେଟୁଛି
ପବନକୁ ତ ପ୍ରତି ମୁହୂର୍ତ୍ତରେ
ନିଜ ଶରୀର ଭିତରକୁ
ପ୍ରବେଶ – ପ୍ରସ୍ଥାନ କରଉଛି
ଆକାଶକୁ ବି ସବୁଦିନ
ଖୋଲା ଟାହିଆ ଭଳି
ମୁଣ୍ଡ ଉପରେ ଥିବାର ଦେଖୁଛି।

ମୋ ନିସ୍ତେଜ ଶରୀର
ଏମାନଙ୍କ ଭିତରେ ମିଳେଇଲେ ବି
ଏମାନେ ମତେ ଦେଖୁଛନ୍ତି ସବୁଦିନ
ଏମାନେ ବହୁତ ଆତ୍ମୀୟ
ରକ୍ତ- ସଂପର୍କୀୟ ଠୁ ବେଶୀ
ସ୍ପର୍ଶକାତର, ସମ୍ବେଦନଶୀଳ ମୋ ପାଇଁ
ୟାଙ୍କୁ ମୁଁ ଭୟ କରେନି।

ହେଲେ ଆତ୍ମାକୁ କେମିତି ଛାଡିଦେବି
ଏବେ ତା' ବିଷୟରେ ଲେଖୁଛି
ତ' ସେ ମୋ ଭିତରେ ଅଛି
ଶ୍ୱାସନଳୀରେ ପବନ ଚଳପ୍ରଚଳ ହଉଛି
ତ' ସେ ମୋ ଶରୀରରେ ଅଛି
ନ ଦେଖିଲେ ବି ସେ ତ ମୋର ନାଁ !
ତା'କୁ ଜଣେ ଅଜ୍ଞାତ ପରମାତ୍ମା ଭରସାରେ

କେମିତି ଛାଡିଦେବି ଗୋଟିଏ
ଆବିଷ୍କାର ହୋଇନଥିବା ଉପତ୍ୟକାରେ
ଯାହା ବିଷୟରେ ବିନ୍ଦୁ ବିସର୍ଗ ବି ଜଣା ନାହିଁ ?
ସେ କେମିତି କଥା ହୁଏ, କୋଉ ଭାଷାରେ ହୁଏ
ଇଏ ସବୁ କେହି ବି ଜାଣନ୍ତିନି
ସେ କ'ଣ ଆଖି ମୁଦିବା ପରର
ସ୍ମରଣ କି ଅନୁଭବ ବାହାରେ ଥିବା କେନ୍ଦ୍ରବିନ୍ଦୁ
ଯାହାକୁ ଦେଖି ହୁଏନି, ଛୁଇଁ ହୁଏନି , ଖୋଜି ହୁଏନି
ଯାହାର ଗୋଟିଏ ବିନ୍ଦୁରୁ
ସମଗ୍ର ଜୀବଜଗତ, ମେରୁ, ସିନ୍ଧୁ, ମନର ବାଚାଳପଣ
ସୃଷ୍ଟି ଓ ସଂହାର ହେଉଥାନ୍ତି ନିରନ୍ତର !

ଶରୀରର ଜୀର୍ଣ୍ଣତା
ଅଗ୍ନିର ଦପ ଦପ ତରଙ୍ଗରେ
ବିଲୀନ ହେଲା ବେଳେ
ନିର୍ଗୁଣ ଆତ୍ମା ସେ ମହାର୍ଘ
ବିଚ୍ଛେଦ ପରେ
ଆରମ୍ଭ କରେ
ଆଉ ଏକ ମହାର୍ଘ ଅନ୍ୱେଷଣ ।
ଇଏ ଅଗ୍ନିର ଆରମ୍ଭ କି ଅନ୍ତ
ଦେଖିବାର ପ୍ରଶ୍ନ ନାହିଁ କି
ତା'ର ସ୍ୱରୂପ ଜାଣିବାକୁ
କେତକୀ ଫୁଲର ମିଥ୍ୟା ସାକ୍ଷୀ
ଭଳି ଆଉ କେହି ସାକ୍ଷୀ ବି
ଆସିବେ ନାହିଁ ।

ଆତ୍ମା ଘୂରିବୁଲେ
ସାତ ପାତାଳର କନ୍ଦି ବିକନ୍ଦି
ତୃଷ୍ଣା, କ୍ଷୁଧାରୁ ମୁକ୍ତ ଆତ୍ମା

ଖୋଜିଚାଲେ ଆସ୍ଥାନ ପରଂବ୍ରହ୍ମାଣ୍ଡ।
ପାତାଳର ବିଫଳ ଅନ୍ୱେଷଣ ପରେ
ଛବିଶି ନର୍କର ତପ୍ତ କୁଣ୍ଡ ଭିତରେ
ପରମାତ୍ମାର ସନ୍ଧାନ କରେ
ସ୍ୱର୍ଗର ସମସ୍ତ ଅପସରା, ଦ୍ୱାରପାଳ
ମାନଙ୍କୁ ପ୍ରଶ୍ନ କରିଚାଲେ
ଏ ପରମାତ୍ମାଙ୍କ ଠିକଣା କେଉଁଠି
ଯୋଉଠି ମିଶିବାକୁ ସେ
ପଞ୍ଚଭୂତଠୁ ବିଦାୟ ନେଇଥିଲା
ତା'ର ଆଦି କେଉଁଠି
କେଉଁଠି ତା ଅନ୍ତ।

ସଂପୂର୍ଣ୍ଣ ମହାଜଗତର
କାନନ- କାନ୍ତାରର ପରିକ୍ରମା ପରେ
ବିକାରଗ୍ରସ୍ତ ଆତ୍ମା
ବସିପଡ଼େ ଓଦା ମାଟିର ଏକ
ସାମାନ୍ୟ ଭୂମିଖଣ୍ଡ ଉପରେ।

ଅବନମିତ ହୁଏ ଆତ୍ମାର
ଜିଜ୍ଞାସାରେ ପଖାଳି ହେଉଥିବା
ଚକ୍ଷୁମାନ
ସେ ପହଞ୍ଚେ ଅବଚେତନ ମନର
ଏକ କେନ୍ଦ୍ରବିନ୍ଦୁ କୁ
କୌଣସି ଆକାର, ପ୍ରକାର ନାହିଁ ସେଇଠି
ଏକ କେନ୍ଦ୍ର, ଏକ ବିନ୍ଦୁ, ଅନନ୍ତ, ଅବିଚଳିତ
ଅଦ୍ୱୈତ, ଅବିନାସୀ
ଅନୁଭବ କରେ ସେ ପରଂବ୍ରହ୍ମକୁ
ତ୍ରିକାଳର ଗଳି-ଉପଗଳି
ସ୍ଥାବର-ଜଙ୍ଗମର ଶିରା-ପ୍ରଶିରା

ସବୁଆଡ଼େ ସଂଧାନ ପରେ
ପରମାତ୍ମା ମିଳିଲେ ତା ମାନସ ଭିତରେ
ଆତ୍ମା ଧ୍ୟାନରେ ବିଗଳିତ
ସମ୍ମିଶ୍ରିତ ହେଲା ସେଇ ପରଂବ୍ରହ୍ମଙ୍କ ବିନ୍ଦୁରେ
ଯେଉଠିଁ ସୃଷ୍ଟି ହୋଇ ସେ
ଜୀବନକୁ ଆବୋରି ବସିଥିଲା
ବିଗତ ଦିନର ନଶ୍ୱର ଶରୀର ଭିତରେ।
ଆତ୍ମା ମିଶିଗଲା ପରମାତ୍ମା ଭିତରେ।
ତତ୍ ତ୍ୱମ ଅସି।

BLACK EAGLE BOOKS

www.blackeaglebooks.org
info@blackeaglebooks.org

Black Eagle Books, an independent publisher, was founded as a nonprofit organization in April, 2019. It is our mission to connect and engage the Indian diaspora and the world at large with the best of works of world literature published on a collaborative platform, with special emphasis on foregrounding Contemporary Classics and New Writing.

www.ingramcontent.com/pod-product-compliance
Lightning Source LLC
Chambersburg PA
CBHW060618080526
44585CB00013B/879
9781645605041